삶의 무기가 되는
쓸모 있는 경제학

BEHAVIORAL
ECONOMICS

이완배 지음

삶의 무기가 되는

쓸모 있는 경제학

넛지부터 팃포탯까지, 심리와 세상을 꿰뚫는 행동경제학

북트리거

마음에 여운을 남기는 경제학을 기대하며

대학에 입학한 뒤 처음 들은 경제학 수업이 경제통계학이라는 과목이었습니다. 재수 끝에 어렵사리 들어간 대학의 첫 수업이었기에 열심히 수업을 들을 만반의 태세를 갖추고 있었죠. 자리도 맨 앞줄에 앉았던 것으로 기억합니다.

교수님께서 입장하셨습니다. 소문에 교수님은 미국에서 오랫동안 강의를 하신 분이라고 하더군요. 미국 본토에서 강의를 하신 분이 교수로 나서다니! 동경의 눈빛으로 그분을 바라보며 노트를 펼쳤습니다. 교수님이 말씀하시는 모든 것을 다 받아 적을 맹렬한 태세였습니다.

마침내 교수님께서 입을 여셨습니다.

"여러분, 랜덤 배리어블은 샘플 스페이스에서 리얼라인으로 이어지는 원투원 펑션입니다. 아주 쉽죠?"

네???? 이게 쉽다고요? 도대체 어떻게 해야 이게 쉬울 수 있는 거죠? 교수님 이야기를 노트에 번개처럼 받아 적던 저는 갑자기 머리가 멍해졌습니다. 그렇지만 교수님은 벌써 랜덤 배리어블을 뛰어넘어 한참 새로운 진도를 뽑는 중이었습니다.

'아니, 이게 뭐야? 설명이 이게 끝이야? 랜덤 어쩌고는 뭐 하는 녀석인데?'

하지만 저는 그 이후 한 시간의 수업에서 결코 랜덤 배리어블의 정체에 대한 설명을 들을 수 없었습니다. 수업이 끝나자 다른 학생들은 태연히 다음 수업을 들으러 우르르 나가더군요. 아, 이게 무슨 절망적인 상황이란 말입니까?

이후 저는 한동안 경제학에 심각한 회의를 느꼈습니다. '나는 경제학과 안 맞아'라는 슬픈 후회도 여러 번 했습니다. 하지만 어느덧 나이 50을 맞아, 아직도 경제학을 뒤척이며 살아가고 있네요. 생각해 보면 참 아이러니합니다.

30년 가까이 경제학 언저리에서 살아오고 있습니다만, 저는 여전히 '어려운 경제학'에 대해 거부감이 있습니다. 경제(經濟)는 경세제민(經世濟民)의 줄임말입니다. 경세제민이란 '세상을 잘 다스려 백성들을 구한다'는 뜻입니다. 이 말은 곧 경제학이 백성을 편안하게 해야 한다는 뜻입니다.

그런데 알 수 없는 단어들과 그래프로 사람들을 힘들게 한다면, 경제가 어떻게 백성을 편안하게 할 수 있단 말입니까? 그래서 저는 경제학은 사람들을 편안하게 해 주는 학문이어야 하고, 사람들에게 친숙한 이야기여야 한다고 믿습니다.

이 책에 실린 글은 행동경제학과 게임이론을 주축으로 우리들의 삶과 밀접한 관련이 있는 경제 이야기들입니다. 나의 삶 속에 녹아 있는 편안한 이야기들이야말로 경제가 다뤄야 할 소중한 영역이라 생각합니다.

부디 이 부족한 책이 삶 곳곳에 촘촘히 박혀 있는 여러 일들을 해석하는 작은 힌트가 되기를 바랍니다. 그래서 경제학이 우리 삶을 움직이고, 우리 마음에 짙은 여운을 남기는 학문이 되기를 소망합니다. 이 책을 선택해 주신 모든 독자 분들께 진심으로 감사하다는 말씀을 드립니다.

2019년 봄, 안국동에서

이완배

CONTENTS

1장

경제학,
내 삶을 바꾸다

다이어트,
왜 자꾸 실패할까?

자아 고갈 이론

다이어트, 정말 쉽지 않다. 밤에 실컷 먹고 '내일부터 살 빼야지!'라고 다짐하거나, 주말에 배를 두드리며 '다이어트는 원래 월요일부터 하는 거야.'라고 생각했던 경험, 누구나 있을 테다. 하지만 그다음 날도, 월요일에도 우리는 한 손에는 치킨을, 다른 한 손에는 콜라를 들고 이렇게 되뇐다. '다음 주부터는 꼭 다이어트를 시작하리라….' 왜 이런 실패가 반복되는 걸까? 또 기업은 이런 소비자의 행동을 어떻게 이용할까?

다이어트가 늘 망하는 이유

얼마 전 친구를 만났는데, 친구가 나를 보더니 대뜸 이런 이야기를 던졌다.

"야, 너 얼굴 좋아 보인다. 요즘 데이트하냐?"

엥? 나이 오십 가까이 들어 애 둘 키우며 잘 사는 중년의 아저씨에게 웬 데이트? 놀란 표정을 지으니 그 친구가 황급히 이렇게 정정했다.

"아, 미안, 헷갈렸다. 데이트가 아니고 다이어트 말이야. 다이어트!"

이런, 헷갈릴 걸 헷갈려야지…. 친구 말로 자기는 중학교 시절부터 데이트와 다이어트, 다이너마이트 이 세 단어가 헷갈렸다고 한다.

다이어트는 인류의 영원한 소망(!)이다. 건강을 위해, 또 외모 관리를 위해 사람은 먹고 싶은 음식을 참으려 한다. 물론 그게 잘 안 된다는 것이 함정이지만. 그런데 다이어트하는 사람들을 보면 실패하는 포인트가 있다. 바로 야식이다. 온종일 잘 참다가 밤 9시가 넘으면 갑자기 마음이 무너져서 라면을 끓이거나(그것도 두 개를!) 피자를 시킨다. 그리고 '내일부터 다시 하면 돼!'라며 스스로를 위로한다.

도대체 왜 다이어트는 아침이나 점심때가 아니라 주로 야심한 밤에 야식의 유혹 때문에 무너지는 것일까? 심리학에서는 이를

'자아 고갈'이라는 현상으로 설명한다. 유혹을 이겨 내는 능력을 인내력, 자기통제력, 혹은 의지력이라고 부른다. 자아 고갈 이론에 따르면, 인내력을 발휘하는 데는 매우 많은 에너지가 필요하다.

우리가 육체적으로 행동할 때 에너지가 필요하다는 사실은 이미 알고 있다. 운동하거나, 산책할 때는 몸에 축적된 에너지를 사용한다. 문제는 무언가를 인내하는 데에도 물리적인 에너지가 필요하다는 사실이다. 다이어트를 결심한 뒤, 먹고 싶은 유혹을 참고 견디는 것은 단순히 정신력의 문제가 아니다. 그 유혹을 참는 동안 엄청난 에너지를 사용한다.

인내에도 에너지가 소모된다?

자아 고갈 이론을 처음 발표한 미국 플로리다주립대 심리학과 로이 바우마이스터 Roy Baumeister 교수는 자아 고갈 이론의 네 가지 특징을 다음과 같이 요약했다.

① 자기통제력은 무한정 존재하지 않는 한정된 에너지 자원이다.
② 자기통제력을 사용하면 이 자원은 고갈된다.
③ 자기통제를 위한 에너지는 다시 보충된다. 다만 보충되는 속도는 고갈되는 속도보다 느리다. 그래서 종종 바닥을 드러낸다.
④ 자기통제 능력은 근육과 비슷해서 반복적으로 훈련하면 능력치를 높일 수 있다.

이 네 가지 특징을 이해한다면 우리의 다이어트 결심이 왜 야식에 무너지는지 쉽게 알 수 있다.

다이어트하는 사람들은 아침부터 하루 종일 먹고 싶은 음식을 거부하기 위해 인내하고 또 인내한다. 문제는 인간의 자기통제력이 무한하지 않으며, 통제력을 사용하면 이 능력은 고갈된다는 점에 있다. 그래서 밤 9시가 넘어가면 에너지는 소진되고 인내력은 바닥이 드러난다. 그리고 마침내 야식의 유혹에 무너진다. 밤이 깊어지면 나도 모르는 사이 내 앞에 족발과 라면이 놓이는 이유가 바로 이것이다.

자아 고갈 이론을 증명하기 위해 2007년 바우마이스터 교수는 특별한 실험을 진행했다. 주최 측은 실험 참가자를 A·B 두 그룹으로 나눈 뒤 동영상을 보여 줬다. 동영상 내용은 평범했지만 영상에는 특이한 장치가 있었다. 화면 한쪽에 커다란 글자가 반복해서 나타났다가 사라지도록 한 것이다. 실험 팀은 A 그룹에 "동영상에 글자가 나타났다가 사라질 텐데, 여러분은 그 글자를 무시하고 화면에만 집중하세요."라고 요청했다. 반면에 B 그룹에는 어떤 요청도 하지 않았다.

실험 팀은 시청을 마친 두 그룹 참가자들의 혈당 수치를 측정했다. 먼저 아무런 요청도 하지 않은 B 그룹 참가자들의 혈당은 평소와 거의 다름없는 것으로 나왔다. 이 사람들은 처음에는 글자가 나타났다가 사라지는 현상을 성가셔했지만, 시간이 지나면서 자연스럽게 동영상에 집중하는 모습을 보였다. 그러나 "글자를 무시하고 화면에만 집중하세요."라는 요청을 받은 A 그룹은 B 그룹보다 혈당 수치가 엄청나게 떨어졌다. 무슨 이유 때문이었을까?

바로 A 그룹 참가자들이 인내하는 일에 너무 많은 에너지를 소모했기 때문이다. 애초에 이들은 동영상에 글자가 보이면 그것을 무시하라는 지시를 받았다. 아무 요청도 듣지 않았다면 자연스럽게 무시하게 되었을 텐데, "글자를 무시하세요."라는 이야기를 들어서 그 글자를 의식적으로 무시하는 노력을 쏟게 됐다. 글자가 보일 때마다 '무시해야 해!'라고 생각하다 보니 인내력이라는 에너지를 사용한 것이다. 결국 동영상이 끝날 때쯤 A 그룹 참가자들의 에너지가 큰 폭으로 내려갔다.

가난하다고 하여 유혹을 모르겠는가!

물건을 파는 기업들은 소비자들의 자아 고갈 현상을 집요하게 노린다. 같은 광고를 반복해서 보여 주는 이유가 바로 여기에 있다. 물론 광고를 보고도 그 제품에 아예 관심이 없는 사람도 존재한다. 하지만 기업의 광고는 그런 고객을 노리는 것이 아니다. 제품을 사고는 싶은데, 돈이 부족해서 참고 있는 예비 고객의 마음을 뒤흔들기 위해 광고를 계속한다.

자아 고갈 이론에 따르면, 참는 데는 분명히 한계가 있는 법이다. 인내를 거듭하던 사람들은 결국 에너지를 다 소진하고, 유혹을 참지 못한 채 지갑을 열어 '지름신'을 맞이한다. 2002년 노벨경제학상 수상자이자 '행동경제학의 아버지'로 불리는 대니얼 카너먼 Daniel Kahneman은 이에 대해 이렇게 설명한다.

"사람이 살다 보면 맛있는 음식을 먹고, 멋진 옷을 입고 싶은 유혹에 자주 맞닥뜨리게 된다. 그런데 그것을 가질 만한 돈이 없는 경우, 사람은 그 유혹을 계속해서 참아야 한다. 하지만 인내의 상황이 수없이 반복되면, 유혹을 피하려는 결정을 하느라 뇌가 많은 수고를 한다. 이런 수고가 반복되면 의지력은 점점 소진된다. 이런 상태를 '자아 고갈'이라고 한다."

아무리 가난한 사람이라도 좋은 음식을 먹고 싶고, 좋은 옷을 입고 싶다. 그런데 이 사람들은 그럴 돈이 없으므로 숱한 광고의 유혹을 견뎌야 한다. 과연 이들은 그 유혹을 끝내 견딜 수 있을까?

자아 고갈 이론에 따르면, 인내는 말처럼 쉽지 않다. 가난하다고 어찌 자아가 고갈되지 않겠는가. 지갑에 돈이 없다는 이유로 사고 싶은 물건을 쳐다보며 인내하고 또 인내하다가, 이들은 결국 은행으로 달려가서 돈을 빌린다. 이런 사람들이 늘어나다 보면 사회에는 돈을 빌리고도 이를 갚지 못해 신용 불량자로 내몰리는 사람이 넘치게 된다.

이 문제를 과연 개인의 잘못으로만 치부해야 할까? 이를 두고 상반된 시각이 존재한다. 우리나라 국민이 지고 있는 빚(가계 부채)은 2017년에 무려 1,500조를 넘어섰다. 정부 1년 예산의 3배에 가까운 수치다. 지금 이 순간에도 수많은 사람이 빚을 갚지 못해 신용 불량자가 되고 파산을 신청하고 있다.

'어찌 됐건 개인의 빚은 개인의 잘못이므로, 그건 온전히 개인이 책임져야 할 문제'라는 시각이 다수를 이루는 것은 사실이다. 그리고 이 말이 틀린 것도 아니다. 누가 강제로 빚을 내서 돈을 쓰라고 등을 떠민 것은 아니기 때문이다.

하지만 온전히 개인의 책임만으로 돌리기 어려운 부분도 있다. 가난하다고 해서 유혹에 무감각하겠는가! 이들이라고 유혹을 참는 일에 에너지를 무한정 쓸 수 있는 것은 아니다. 주위를 둘러보자. 요즘 사람들은 쉴 새 없이 광고의 유혹에 노출돼 있다. 아무리 눈을 감고 귀를 막고 살아도 "이 물건 사 보세요. 제품이 끝내줍니다."라는 유혹을 피하기는 힘들다. 수많은 사람이 빚을 지고 파산하는 것은 끊임없이 소비를 권장하는 현대사회의 부추김 때문이기도 하다는 시각이 그래서 등장하는 것이다.

세계 곳곳에서 채무자의 빚을 시민 기금이나 정부 예산으로 탕감해 주자고 주장하는 이들이 늘어나는 이유가 여기에 있다. 우리나라에서는 이미 2015년 '주빌리은행'이라는 단체가 출범해 빚에 쪼들리는 채무자의 빚 탕감을 위한 다양한 활동을 벌이고 있다. 이 운동은 채무자들이 빚을 진 이유가 인간의 자아 고갈 현상을 이용해 소비를 부추기는 자본주의사회의 풍토 탓이기도 하다는 공감으로부터 출발한다.

자기통제력을 높이는 단 하나의 방법!

다시 원래 이야기로 돌아가 보자. 우리는 이제 자아 고갈 이론을 통해 왜 다이어트가 항상 야식 때문에 실패하는지 납득했다. 그렇다면 이를 극복할 방법은 어디에도 없는 것일까? 우리는 결국 유혹에 굴복할 운명이란 말인가?

이 이론을 만든 바우마이스터 교수는 극복하는 방법이 있다고 귀띔한다. 앞에서 설명한 자아 고갈 이론의 특징 가운데 네 번째, 즉 '④ 자기통제 능력은 근육과 비슷해서 반복적으로 훈련하면 능력치를 높일 수 있다.'라는 대목에 주목해야 한다. 한마디로 인내심을 키우는 훈련을 꾸준히 해야 한다는 이야기다. 팔굽혀펴기를 꾸준히 하면 그 횟수가 점차 늘어나는 것처럼 인내심도 훈련하면 그 크기가 커진다. 반복적으로 자기통제를 시도하면 언젠가는 성공 가능성이 있다는 말!

말이 나와서 하는 이야기지만, 금이야 옥이야 귀한 자식으로 대접받으며 자라난 사람들은 인내심이 현저히 부족한 경우가 많다. 자기통제 훈련이 전혀 되어 있지 않기 때문이다. 특히 재벌 집안에서 태어난 이들은 자아 고갈 현상이 매우 빨리 나타난다. 자기가 무언가를 조금이라도 참아야 할 상황이 오면 에너지가 금세 바닥나 분노가 폭발한다.

재벌들이 곳곳에서 갑질을 하거나 주먹을 휘두르는 일이 최근에 빈번히 발생한다. 심지어 한 재벌 3세는 운전이 마음에 들지 않는다며 운전기사의 뒤통수를 갈겼다는 사실이 폭로되기도 했다. 그러다 자칫 사고라도 나면 자기 목숨까지 위험해지는데, 이 철부지 재벌 3세는 도무지 인내심이라곤 없었던 모양이다. 이런 사람들은 확신컨대, 어릴 때부터 부족한 것 없이 자라나는 바람에 자아고갈을 늦추는 훈련을 전혀 받지 못했을 가능성이 크다.

다시 한 번 강조하지만, 우리의 인내심은 언젠가 고갈된다. 하지만 반복된 훈련으로 자아 고갈을 늦출 수 있다. 자기통제 훈련을 지속하면 야식으로 인한 다이어트 실패도 극복할 수 있다는 이야기다.

바쁜 나를 위한 한 줄 요약

다이어트, 왜 자꾸 실패할까?

다이어트에 실패하는 것은 자기통제력이 고갈되기 때문이다. 다행인 것은 반복을 통해 자기통제력을 높일 수 있다는 사실. 노력하다 보면 언젠가 다이어트는 성공할 것이다!

왜 첫사랑은
잊히지 않을까?

미완성 효과

'프로듀스' 시리즈를 보면 국민 프로듀서들은 안달이 날 수밖에 없다. 바로 매회 수없이 반복되는 "잠시 후에 발표합니다!"라는 말 때문이다. 방송은 새벽까지 계속되지만, 시청자들은 TV 앞에서 자리를 뜨지 못한다. 잠자리에 들어도 결과가 궁금할 것이 뻔하기 때문이다. 그런데 프로그램 자체가 중단된다면? 상상만 해도 끔찍하다. 생각해 보면 '프로듀스' 시리즈는 참 첫사랑과 비슷하다. 미완성으로 남으면 절대 잊을 수 없다. 왜 우린 '미완성'에 미련이 남을까?

'To be continued'가 싫다!

한때 대한민국을 뜨겁게 달군 드라마 〈도깨비〉는 케이블 TV 드라마 역사상 최고 시청률을 경신하며 큰 화제를 모았다. 이 드라마를 보면 매회 공통된 특징을 발견할 수 있다. 바로 늘 시청자가 다음 장면이 궁금해서 잠을 못 이룰 것 같은 애매한 장면으로 마무리된다는 점이다. 매번 드라마가 끝난 뒤 시청자는 찝찝한 기분을 지울 수 없다. 예를 들어 6화에서 도깨비 신부 지은탁(김고은 분)은 도깨비 김신(공유 분)의 심장에 박힌 칼을 뽑고자 했지만, 이상하게도 칼이 손에 잡히지 않았다. 당황한 은탁은 고민 끝에 김신의 멱살(!)을 잡아끈 뒤 입맞춤한다. 그런데 이 장면에서 6화가 끝난다. '도대체 여기서 끝내면 궁금해서 어떻게 살라는 거냐!'라는 시청자의 분노가 터질 만하다.

결정적 장면에서 드라마를 끊은 뒤 '다음 화에 계속(To be continued)'이라는 자막을 선보이는 기법은 비단 〈도깨비〉에서만 나타나는 일이 아니다. 우리나라 드라마뿐 아니라, 미국 드라마도 비슷한 기법을 남발한다. 인기 미국 드라마 〈왕좌의 게임 5〉는 수년 동안 시청자가 드라마의 주인공이라고 굳게 믿은 존 스노우(키트 해링턴 분)가 살해당하는 장면으로 마무리됐다. 주간 드라마면 다음 주까지 허벅지를 찔러 가며 궁금증을 참기라도 하지, 한 시즌을 이렇게 끝내면 다음 시즌까지 1년을 어떻게 기다리란 말인가? 시청자는 인내심을 기르는 극기 훈련이라도 받아야 할 판이다.

마무리되지 않으면 잊히지 않는다

1920년대 중반, 러시아에서 심리학을 전공하던 대학원생 블루마 자이가르닉Bluma Zeigarnik은 식당에 앉아서 음식을 주문하다가 놀라운 장면을 목격했다. 그는 전채 요리부터 후식까지 매우 다양한 메뉴를 주문했는데, 웨이터가 조금도 당황하지 않고 "네, 네, 알겠습니다." 하더니 주방에 가서 정확히 그 복잡한 주문을 전달하는 것이다. 웨이터는 자이가르닉이 낸 주문뿐 아니라 서너 테이블에서 받은 복잡한 주문마저 정확히 암기해 한 치의 오차도 없이 주방에 전달했다.

웨이터의 암기력에 놀란 자이가르닉은 계산하면서 웨이터에게 "아까 제가 매우 많은 메뉴를 주문했는데 그걸 어떻게 다 암기하신 거예요?"라고 물었다. 그런데 웨이터의 대답이 완전 뜻밖이었다. 웨이터는 어리둥절한 표정으로 "실례지만 손님, 무엇을 주문하셨죠?"라며 당황했다. 불과 30분 전만 해도 그 복잡한 주문을 완벽하게 기억하던 웨이터가 단 30분 만에 주문을 모조리 잊은 상황. 자이가르닉은 이 현상에 충격을 받은 나머지 학교로 돌아와서 한 가지 실험을 진행했다.

자이가르닉은 참가자 164명을 A·B 두 그룹으로 나눈 뒤 각 그룹에 간단한 과제를 냈다. A 그룹은 과제를 수행할 때 아무런 방해를 받지 않았던 반면, B 그룹은 과제 하는 도중 실험실 TV가 갑자기 켜지는 식으로 끊임없는 방해를 받았다. 당연히 A 그룹 참가자는 과제를 끝낸 경우가 많았지만, B 그룹 참가자 가운데 상당수는 과제를 마치지 못했다.

실험을 마친 뒤 자이가르닉은 참가자들에게 "조금 전 당신들이 해낸 과제를 기억하세요?"라고 물었다. 이때 A 그룹 참가자, 특히 과제를 무사히 마친 참가자 가운데 이를 정확히 기억한 비율은 고작 32%에 그쳤다. 반면에 과제를 마치지 못한 B 그룹 참가자는 자신의 과제를 무려 68%나 거뜬히 기억해 냈다. 자이가르닉은 이 실험 결과를 박사 학위 논문에 게재하며 이렇게 결론지었다.

"인간의 뇌는 완벽하게 끝낸 일을 쉽게 잊어버리는 경향이 있다. 그러나 끝내지 못한 일은 계속해서 뇌리에 남아 잘 기억할 수 있다."

자이가르닉에 따르면, 웨이터가 손님의 복잡한 주문을 잘 기억한 이유도 바로 이것이다. 웨이터의 임무는 음식을 주문받은 뒤 이를 주방까지 전달하는 것이다. 즉 주문받는 일이 웨이터로서의 임무 완수가 아니라는 의미다.

인간은 '끝내지 못한 일'을 더 잘 기억한다. 웨이터는 주문을 주방에 전달해야 그 일을 마치는 셈이므로, 일을 마치기 전까지 주문을 거뜬히 암기한다. 하지만 주문이 주방에 전달되면 상황은 완전히 달라진다. 이제는 웨이터의 임무가 끝났기 때문에 뇌는 그 '끝낸 일'을 기억할 필요가 없다. 불과 30분 전까지 완벽히 기억한 주문을 웨이터가 완전히 지워 버리는 이유가 바로 여기에 있다.

미완성 효과를 이용해 마케팅하라!

자이가르닉의 이 논문은 큰 반향을 일으켰다. 이후 심리학에서는 자이가르닉의 이론을 '자이가르닉 효과(Zeigarnik effect)' 혹은 '미완성 효과'라고 불렀다. 미완성 효과의 요지는 이렇다. 사람의 뇌는 일을 끝마치려는 본능을 갖고 있다. 따라서 일을 마치지 못하면 뇌는 팽팽한 긴장 상태를 유지하고, 그 일을 보다 잘 기억한다. 반면에 일을 마치면 뇌는 긴장 상태를 잃어버리면서 그 일을 곧잘 잊어버린다.

학창 시절 시험을 볼 때 우리가 자주 했던 벼락치기를 생각해보면 이해가 쉽다. 당장 내일 시험 보는 암기 과목을 밤새 달달 외우면, 시험 직전까지는 대부분의 내용이 머리에 떠오른다. 왜일까? 아직 시험을 마치지 않았기 때문이다. 미완성 효과에 힘입어 뇌가 암기한 내용을 잘 기억해 내는 것이다.

그런데 시험을 마치면 어떤 일이 벌어질까? 마술을 부리듯 어젯밤 암기한 것이 허공으로 날아가 버린다. 이런 현상이 벌어지는 이유도 간단하다. 시험이 끝났으므로 뇌가 긴장할 필요가 없기 때문이다. 대신 뇌는 다음 날 시험에 대비해 새로운 과목에 대한 벼락치기 모드로 돌입한다. 경제학은 이런 미완성 효과를 철저히 이용한다. 특히 기업들이 물건을 팔 때 자이가르닉 효과는 매우 유용한 수단이 된다.

이쯤 읽었다면 드라마가 결정적 순간에 끊기며 '다음 화에 계속' 따위의 자막으로 시청자의 염장을 지르는 이유가 이해됐을 것이다. 방송국에서 이런 몹쓸 짓(!)을 하는 이유는 스토리가 마무리되지 않은 채 끝나야 시청자의 기억에 오래 남기 때문이다. 만약 하나의 이야기가 깔끔하게 마무리되면서 한 회를 마치면 시청자의 뇌는 그 드라마를 일주일 동안 까맣게 잊어버린다.

광고 기법으로 흔히 사용하는 '티저 광고(teaser advertising)'도 미완성 효과를 활용한 기법이다. 티저 광고란 홍보하려는 상품이나 회사 이름을 뺀 채, 사람들이 도대체 무슨 광고인지 모르도록 암시와 은유만으로 만든 광고를 뜻한다. 원래 광고는 제품이나 회사를 알리기 위한 수단이다. 그런데 티저 광고에는 이런 요소가 거의 등장하지 않는다. 그러다 광고가 회를 거듭할수록 홍보하려는 제품이나 회사 이름이 아주 천천히, 조금씩 등장한다.

'티저 광고의 고전'으로 불리는 광고는 1913년 미국 담배 브랜드인 카멜(Camel)이 선보인 신문 광고다. 카멜은 무려 2주 동안 지면을 미리 사들인 뒤 첫날 광고를 아무것도 없는 백지에서 시작했다. 독자들은 백지 지면을 보고 '뭐지? 인쇄 사고가 났나?'라고 생각하며 궁금증을 가졌다.

다음 날 이 백지에 점이 하나 찍혔다. 독자들의 궁금증은 더 커졌다. 카멜은 조금씩 이 점을 키워 나가며 낙타 모양을 만들었다. 낙타가 완성되자 'C, A, M, E, L'이라는 다섯 개 알파벳이 한 글자씩 나타났다. 그리고 며칠 뒤 "낙타들이 온다(THE CAMELS are

Coming!)!"라는 문구가 완성됐다. 마침내 2주 뒤, 광고의 마지막 날 카멜 로고가 삽입된 담뱃갑이 등장했다.

카멜은 이 티저 광고로 엄청난 돌풍을 일으켰다. 카멜의 매출은 급증했고 이후 미국 담배 시장에서 46%를 차지할 정도의 거대 브랜드로 성장했다. '광고계의 혁명'으로 칭송받는 이 티저 광고는 바로 완성되지 않은 것을 더 잘 기억하는 자이가르닉의 미완성 효과를 극단적으로 이용한 마케팅 기법이었다.

미완성 효과가 일본에 주는 가르침

앞서 이야기했던 '첫사랑'에 대한 이야기로 돌아가 보자. 이를 자이가르닉 효과와 연결 지어 생각할 수 있다. 첫사랑이 유난히 오래 기억에 남는 이유도 바로 미완성 효과 때문이다. 첫사랑이란 결국 실패한 사랑이다. 마무리가 제대로 되지 않았다. 뇌는 마무리되지 않은 사랑을 오래 기억한다. 그래서 첫사랑 상대방과 나눈 달콤한 이야기, 첫 키스의 추억은 쉽게 잊히지 않는다. 반면에 매우 슬픈 이야기지만(!) 결혼으로 완성된 사랑의 추억은 대체로 빨리 잊힌다. 결혼하고 수십 년을 산 부부에게 사랑을 고백한 날이나 첫 키스한 때를 물으면 아마 소중한 사랑의 기억을 더듬는 일에 애먹을 것이다.

일본이 빨리 마무리 짓기를 원하는 일제강점기의 성 노예 사건(일명 일본군 '위안부' 사건)도 마찬가지다. 일본은 2016년에 고작 합의금 10억 엔(약 105억 원)을 송금한 뒤 '이제 과거 역사는 잊어야 한다'는 황당한 주장을 펼친다. 하지만 이 사건은 결코 한국인의 머리에서 잊히지 않는다.

이유는 간단하다. 사건이 제대로 마무리되지 않았기 때문이다. 성 노예로 끔찍한 삶을 산 여성들이 아직 살아 있고, 일본은 이 끔찍한 일에 대해 진심 어린 사과를 80여 년 동안 한 번도 하지 않았다. 이러면 사건은 마무리되지 않는다. 이 상태에서 일본이 아무리 '과거는 잊고 미래를 향해…' 어쩌고 헛소리를 늘어놓아도 소용없다.

자이가르닉의 미완성 효과가 일본에 가르침을 내린다. 정녕 한국이 일제의 침략을 잊기를 바라는가? 그렇다면 제대로 마무리를 지어라! 지금이라도 고개를 숙이고, 진심을 다해 사죄하며, 처절하게 반성해야 그 일은 마무리된다. 그전까지는 우리는 절대로 잊을 수 없다.

바쁜 나를 위한 한 줄 요약

왜 첫사랑은 잊히지 않을까?

우리 뇌는 완벽하게 끝낸 일을 쉽게 잊어버린다. 그러나 끝내지 못한 일은 뇌리에 남아 오래 기억한다. 첫사랑을 잊을 수 없는 이유는 바로 미완으로 끝났기 때문이다.

왜 시험 전날에
공부가 제일 잘될까?

터널링 이펙트

학창 시절 시험을 앞둔 때를 떠올려 보자. 여러분은 어떻게 공부하고 있었을까? 아마 많은 이들이 시험 일주일 전부터 벼락치기를 했을 테다. 벼락치기는 효과가 큰 방법 중 하나다. 계획을 세우고 한 달 전부터 공부하려고 하면 내용이 머릿속에 들어오지 않는데, 시험이 코앞에 닥치면 누가 마법을 부린 것처럼 쏙쏙 암기되니 말이다. '터널링 이펙트'는 왜 이런 현상이 벌어지는지에 대해 논리적으로 설명한다.

왜 마감이 닥쳐야 글이 써질까?

직업이 기자인 필자는 평생 '데드라인(deadline)'이라고 불리는 마감 시간과 싸워 왔다. 마감 시간을 데드라인이라고 부르는 이유는, 마감 시간을 결코 어겨서는 안 된다는 경고(넘기면 죽는다!) 같은 것일 테다. 마감 시간 직전이 되면 기자들은 마치 전쟁터에 내던져진 전사 같은 비장한 표정으로 노트북을 두드린다.

오랫동안 기자 생활을 하면서 머릿속을 떠나지 않았던 궁금증이 있다. 긴박하게 터진 사건이 아니라면, 대부분 기사 요청은 마감 시간까지 충분히 여유를 주는 편이다. 그렇다면 기사를 미리 써두면 될 것 아닌가?

그런데 그게 잘되지 않는다는 것이 문제다. 마감이 일주일 정도 남으면 글이 전혀 써지질 않는다. 마감이 네다섯 시간 앞으로 닥쳐야 비로소 노트북을 두드린다. 고등학교 시절을 돌아봐도 마찬가지다. 중간고사를 한 달 앞두고 필자는 늘 달력에 공부 계획을 세웠다.

"이날까지는 한국사, 이날까지는 과학, 이날까지는 영어를 마치고 시험 전날에는 이렇게 복습을 해서….'

계획은 늘 완벽했다. 하지만 시험 전날까지는 도무지 공부가 제대로 되지 않았다. 희한하게도 공부 계획만 잡으면 세계 명작 소설집이 그렇게 재미있었다. 심지어 방 청소도 재미있었다. 공부 말고는 다 재밌던 셈이다.

실제로 필자는 펄 벅Pearl Buck의 장편소설 『대지』나 마거릿 미첼 Margaret Mitchell의 장편소설 『바람과 함께 사라지다』 등 평소에는 절대로 읽지 않을 명작을 시험공부 계획을 잡은 뒤 모조리 읽었다. 그러고는 시험 전날 비로소 비장한 표정으로 벼락치기를 했다. 방청소부터 하지 말고 미리미리 공부를 했으면 시험 전날 이렇게 바쁘지 않았을 텐데!

그런데 이런 현상은 필자만 겪는 것이 아니다. 주변에 물어봐도 모든 기자가 마감 시간이 닥쳐야 기사를 쓴다고 말한다. 고등학생인 필자의 아들 녀석도 중간고사 하루 전에 벼락치기를 하는 것이 습관이다.

결핍이 효율을 만든다

왜 이런 일이 벌어질까? 하버드대 경제학과 교수 센딜 멀레이너선Sendhil Mullainathan과 프린스턴대 심리학과 교수 엘다 샤퍼Eldar Shafir 는 『결핍의 경제학』이라는 책에서 이 문제를 다뤘다. 멀레이너선과 샤퍼는 "경제학에서 벌어지는 많은 문제가 결핍, 즉 부족함 때문에 생긴다"고 주장한다. 멀레이너선과 샤퍼에 따르면 결핍, 혹은 뭔가가 부족하다고 느끼는 상황은 일의 효율성을 높인다. 사람은 넉넉할 때 절박하게 일하지 않는다. 당연히 이럴 때 일하게 되면 효율성도 떨어진다.

마감 시간이 닥쳐야 겨우 글을 쓰기 시작하는 기자들을 두고도 멀레이너선과 샤퍼는 '그건 매우 당연한 일'이라고 해석한다. 두 학자에 따르면, 마감이 다가온다는 것은 곧 시간이 부족해진다는 것을 의미한다. 그리고 이런 시간의 결핍은 사람을 매우 효율적으로 일하도록 만든다.

배가 고프거나, 이번 달 집세를 낼 돈이 부족하거나, 중간고사 공부를 할 시간이 부족하면 사람은 본능적으로 놀라운 집중력을 발휘한다. 그래서 부족하다는 것은 매우 불편하고 불쾌한 일이지만, 그 부족 때문에 일의 효율성은 더 높아진다. 결핍이 우리의 생각하는 방식을 바꾸고 우리의 마음을 지배하는 것이다.

그래서 멀레이너선과 샤퍼는 누군가에게 일을 시킬 때 넉넉히 시간을 주는 것이 별로 효과가 없다고 주장한다. 인간이 구체적이고 획기적인 집중력을 발휘하려면 바로 시간이 부족해야 하기 때문이다. 실제로 벼락치기를 해 본 사람이면 누구나 이해할 것이다. 한 달 전에 미리 공부하는 것보다 벼락치기 상황에서 훨씬 더 많은 양을 암기할 수 있다. 이것이 바로 결핍의 효과다.

터널링 이펙트, 결핍은 시야를 좁힌다

그렇다면 그들은 효율성을 높이기 위해 사람을 결핍한 상태로 몰아붙여야 한다고 주장하는 것일까? 천만의 말씀이다. 부족한 상태가 효율성을 높이는 면이 분명히 있다. 하지만 결핍은 그보다 훨씬 큰 부정적 효과를 낳는다는 것이 두 학자의 주장이다.

소방관은 매우 위험한 직업이다. 1984~2000년, 미국 소방관의 사망 원인 가운데 가장 큰 비중을 차지한 것은 무엇일까? 당연히 사고 현장에서 목숨을 잃는 경우가 가장 많을 것 같다. 하지만 실제로 소방관의 사망 원인 1위는 '심장 발작'이다. 워낙 위험한 직업이니 심장 발작이 사망 원인 1위에 오른 것은 충분히 이해할 수 있다. 그런데 사망 원인 2위가 의외다.

소방관이 목숨을 잃는 두 번째 이유는 '교통사고'다. 교통사고 사망자가 전체 사망자의 25%나 됐다. 더 당황스러운 것은 안전을 제일로 생각하는 소방관들이 교통사고로 목숨을 잃는 대부분의 이유(79%)가 안전벨트를 매지 않았기 때문이다.

2005년 4월 23일, 미국 남부 텍사스주에 있는 도시 애머릴로(Amarillo)에서 소방관 브라이언 헌턴은 화재 신고를 받고 동료들과 급히 출동했다. 그런데 차가 급커브를 돌 때 헌턴이 튕겨져 나가 목숨을 잃고 말았다. 소방차의 문이 열려 있던 것이다. 안전벨트만 했어도, 차 문만 제대로 닫았어도 헌턴은 목숨을 건질 수 있었다. 그런데 헌턴과 동료 소방관들은 차 문을 닫는 그 간단한 일을 잊었다.

왜 이런 일이 벌어질까? 소방관은 유난히 결핍 상황을 자주 겪는 직업이다. 긴급한 화재 신고를 받으면 그때부터 엄청난 시간 결핍 현상을 겪는다. 단 1초라도 빨리 출동해야 한 명이라도 더 구하는 상황에 놓인다.

소방관이 시간 결핍 상황을 맞으면 오로지 사람을 구하는 일에만 집중한다. 사람을 구하는 일에 대한 효율성은 높아지는데, 그 일에만 집중하는 바람에 다른 일에는 신경을 쓰지 못한다. 그래서 소방관은 차 문을 닫는다거나 안전벨트를 채우는 기본적인 일을 잊어버린다.

멀레이너선과 샤퍼는 이런 현상을 '터널링 이펙트(tunneling effect)'라고 부른다. 어두운 터널에 들어가면 앞이 잘 안 보인다. 그래서 터널 안에 있는 사람들은 오로지 터널 밖으로 나가는 데만 집중한다. 앞만 열심히 쳐다보니 당연히 시야가 더 좁아진다. 사람들은 터널에 들어가면 자기가 집중한 일 이외의 대부분을 잊게 되는데, 이런 현상을 터널링 이펙트라고 부른다.

결핍은 나쁘다

멀레이너선과 샤퍼는 결핍이 효율성을 높이긴 하지만, 결국 사람의 시야를 좁게 만드는 부정적 효과도 적지 않다고 지적한다. 마감이 닥쳤을 때를 다시 생각해 보자. 분명 시간이 부족할 때 원고는 더 잘 쓰인다. 그런데 마감이 닥친 작가의 방에 가 보면, 그 방이 방인지 돼지우리인지 구별이 안 될 정도로 지저분하다. 마감에 찌든 작가들은 몸에서도 악취가 진동한다. 마감에만 집중하는 바람에 청소나 샤워 등 일상생활에 아예 관심을 갖지 못하기 때문이다.

건강이 나빠지는 것은 더 큰 문제다. 마감을 앞둔 작가는 운동 따위는 당연히 하지 않는다. 규칙적인 생활도 포기한다. 집에는 담배꽁초가 여기저기 수북이 쌓여 있다. 하지만 작가의 뇌는 건강에 대한 걱정을 지워 버린다. 당장 내일까지 원고를 넘겨야 하는데, 건강 따위가 무슨 상관이란 말인가?

중요한 발표를 앞둔 사람들도 마찬가지다. 발표일이 가까워질수록 초조해진다. 그래서 며칠 밤을 새우는데, 식사는 컵라면으로 때운다. 이럴 때 특히 교통사고가 많이 난다. 만약 시험을 앞둔 분이 이 책을 읽고 있다면, 시험 당일 횡단보도를 건널 때 꼭 신호를 잘 확인하고 건너시라! 시험 생각만 하다가 빨간불에도 무심결에 횡단보도를 건널 가능성이 크다는 이야기다.

결핍에 관한 또 다른 연구가 있다. 이번 연구는 좀 슬프기까지 하다. 멀레이너선과 샤퍼에 따르면, 사람은 가난할수록 아이큐가 떨어진다. 이는 가난한 사람들이 선천적으로 머리가 나쁘다거나, 머리가 나쁘니까 가난하다는 뜻이 절대 아니다. 사람의 아이큐는 삶의 환경에 따라 바뀐다는 것이 이 연구의 핵심이다.

인도에서 사탕수수를 재배하는 농부들은 1년에 한 번 사탕수수를 수확한 시기에만 돈을 번다. 즉 작물이 팔린 직후에 농부들은 꽤 많은 현금을 보유한다. 그러나 돈은 곧 사라지고 다음 해 수확기가 다가오면 농부들은 대부분 빈곤한 상태가 된다.

멀레이너선과 샤퍼는 수확을 앞둔 한 달 전과 수확을 마친 한 달 뒤 농부들의 아이큐를 측정했다. 그 결과 수확 한 달 전, 즉 가장 빈곤했을 때 농부들의 아이큐는 수확 한 달 뒤, 즉 가장 풍요로웠을 때의 아이큐보다 9~10%나 낮았다.

사람은 가난이라는 결핍 상황에 빠질수록 '먹고살아야 해!', '내일 뭘 먹지?', '우리 가족은 어떻게 살아남지?'와 같은 생존 문제에만 집중한다. 뇌가 완벽히 생존을 위협하는 터널 안에 갇힌 것이다. 이러니 뇌가 정상적으로 가동될 리 없다. 아이큐에서 반드시 필요한 수리 능력이나 인지 능력은 거의 바닥으로 추락한다.

그래서 가난한 나라일수록 투표율이 낮다. 먹고살기 바빠 죽겠는데 투표에 관심을 가질 여유가 과연 있을까. 가난할수록 생존 분야에서 효율은 높아지지만, 사람들은 자신의 창의적 재능을 잊어버린다. 결국 빈곤은 사회 전체적으로 심각한 비효율을 유발하는 셈이다.

'결핍이 효율을 낳는다'는 멀레이너선과 샤퍼의 연구는 사람을 더 결핍 상황으로 몰아야 한다는 주장이 아니다. 사람은 결핍 상태에 놓일수록 그 일에만 몰두하기 때문에 인간이 발휘할 수 있는 다양한 분야의 창의성을 상실한다. 작가가 마감 시간을 앞두고 건강을 잃는 것도 바로 그런 문제다.

'이 글을 읽고 나니 왜 중간고사 때 벼락치기를 하는 게 효율적인지 그 이유를 드디어 알게 되었어!'라고 깨닫지 말길 바란다. 결핍의 경제학이 우리에게 던지는 교훈은 그런 것이 아니다. 벼락치기가 효율적이긴 하지만, 그 때문에 우리의 수많은 창의성이 사라지고 건강과 안전이 위협받는다는 점이다.

바쁜 나를 위한 한 줄 요약

왜 시험 전날에 공부가 제일 잘될까?

결핍 상황에 놓이면 인간은 오로지 눈앞의 해결해야 할 일에 집중한다. 이것이 벼락치기가 잘되는 이유다. 그렇다고 결핍이 무조건 좋은 것은 절대로 아니다!

잘살려면
배신하는 게 유리할까?

사슴 사냥 게임

급작스럽지만 역사 이야기로 시작을 해 보려고 한다. 고려 중기, 무신의 난으로 정치가 혼란스러워지고 부정부패가 심해지자, 노비 만적은 난을 일으켰다. 물론 만적의 난은 실패로 끝났다. 사노비 순정이라는 자가 이 계획을 몰래 상전에게 이야기했기 때문이다. 순정은 만적의 난이 실패할 것이라 예상했기에, 미리 상전에게 밀고를 하여 목숨을 건질 수 있었다. 이 사례를 보면 고민하게 된다. 만적처럼 당하느니, 순정처럼 '배신'을 하는 게 세상 사는 데는 더 유리한 걸까?

배신을 할 것인가? 말 것인가?

지금부터 필자가 하는 이야기는 모두 지어낸 소설이다. 앞에서 언급한 만적의 난과 달리 순수 창작물이니 실제 역사와 혼동하지 말길 바란다. 중세 어느 무렵, 매우 난폭한 왕이 나라를 지배하고 있었다. 백성의 삶은 도탄에 빠졌으나 왕은 아랑곳하지 않고 폭정을 계속했다.

이를 견디다 못해 뜻있는 신하 10명이 모였다. 이들은 폭군을 몰아내고 정의를 바로 세울 것을 피로 맹세했다. 역모에 가담한 이들의 면모는 화려했다. 군사권을 장악한 대신도 있었고, 왕을 가까이에서 호위하는 장수도 있었다. 여론을 장악할 만한 존경받는 문신(文臣)도 있었고, 촉망받는 신예도 있었다. 왕에 대한 불만이 하늘을 찌르면서 이들은 치밀한 계획을 짰다. 이 역모가 진행되기만 한다면 성공 확률은 거의 100%에 가까웠다.

그런데 10명 가운데 A가 다른 마음을 품었다. '역모가 성공하면 우리는 모두 개국공신이 되어 큰 보상을 받을 것이다. 하지만 만약 누군가가 배신해서 역모를 밀고한다면? 모두 죽은 목숨 아닌가?'

고민에 고민을 거듭하던 A는 결국 동지들을 배신하는 길을 택했다. 폭군에게 달려가 역모를 미리 고하고 살길을 찾은 것이다. 물론 A는 역모에 가담한 전력 탓에 포상은 없었다. ("뭐라고? 네 이놈! 네놈이 역모에 가담했단 말이냐!"라는 호통만 들었다.) 하지만 A는 역모를 밀고한 덕에 목숨은 건질 수 있었다. 그 대신 A와 함께 역모를 꾀한 동료들은 전부 고된 고문 끝에 목숨을 잃고 말았다. 이 이야기를 듣고 생각해 보자. 과연 A의 행동은 현명했을까?

당연히 '어휴, 이 바보야. 역모 성공 확률이 100%에 가깝다면서? 그러면 역모에 가담해서 개국공신이 돼야지, 배신을 왜 하냐고!'라고 생각할 수 있다. 하지만 A의 입장에서 곰곰이 생각해 보면, 그의 행동이 이해되지 않는 것도 아니다.

물론 10명 모두 배신 같은 것 없이 역모에 가담만 했다면 이들의 역모는 성공했을 테고, 새 왕으로부터 큰 상을 받았을 것이다. 문제는 이 10명 가운데 누군가에게 스며들지도 모르는 의심이다. A가 아닌 그 누구라도 이런 의심을 할 수 있다. '나 말고 다른 사람이 밀고하면 어쩌지? 밀고당하면 죽은 목숨인데, 내가 먼저 밀고하는 게 그나마 살길이 아닌가?'라는 생각을 할 수 있다는 의미다.

결국 이 역모의 핵심은 참가자 10명 모두가 서로를 굳게 신뢰하느냐, 아니면 의심하느냐에 달려 있다. 10명의 동지가 '우리는 누구도 배신하지 않을 거야.'라고 굳게 믿었다면, 이들은 역모에 가담했을 테고 나중에 큰 부귀영화를 누렸을 것이다.

하지만 누구라도 '우리 가운데 배신자가 나올 수 있어.'라고 의심하는 순간 문제가 시작된다. 누군가가 배신할 것 같다는 느낌이 들면, 내가 먼저 배신하는 쪽이 훨씬 유리하기 때문이다(목숨만은 건질 수 있으니까!).

사슴을 잡을 것인가? 토끼를 잡을 것인가?

경제학 게임이론 분야에는 '사슴 사냥 게임'이라는 독특한 모형이 있다. 이 모형은 프랑스의 위대한 사상가 장 자크 루소Jean Jacques Rousseau가 예로 든 이야기로부터 시작한다. 루소의 이야기는 이렇다.

한 마을이 있었다. 이 마을은 불행하게도 겨울만 되면 먹을 것이 없어 곤란을 겪었다. 그나마 다행인 점은 마을 뒤편에 산이 하나 있었고 그 산에는 사슴과 토끼가 살았다는 사실이다. 사슴이나 토끼를 사냥하면 마을 주민들은 그런대로 겨울을 견딜 수 있었다.

마을 사람들은 사슴을 잡기 위해 사냥을 나섰다. 사냥꾼은 모두 10명으로 구성됐다. 사슴을 잡기 위해 이 10명은 산기슭에서부터 포위망을 구축하고 북을 치며 사슴을 정상으로 몰아야 했다. 그렇게 산 정상까지 몰면 무조건 사슴을 잡을 수 있었다. 그리고 사슴만 잡으면 부족 전체가 열흘 내내 배부르게 먹을 수 있었다.

그런데 10명이 사슴을 몰던 도중 사냥꾼 A 앞에 토끼 한 마리가 나타났다. 만약 A가 토끼를 잡기 위해 대열을 이탈하면 나머지 9명은 사슴을 잡을 수 없다. 사슴이 A가 빠진 자리로 달아나 버리기 때문이다. 반면에 A는 사슴은 놓치지만, 토끼를 잡을 수 있다. 토끼를 잡으면 A는 자기 가족이 하루 동안 먹을 식량을 번다. 이 상황에서 A는 눈앞에 나타난 토끼를 쫓아야 할까, 아니면 대열을 이탈하지 않고 사슴을 쫓아야 할까?

만약 A가 토끼의 유혹에 넘어가지 않고 사슴을 몰면 열흘 치 식량을 얻는다. 하지만 유혹에 빠져서 토끼를 쫓으면 하루 치 식량만을 얻을 뿐이다. 얼핏 생각하면 당연히 사슴을 모는 게 유리해 보인다. 하지만 그렇게 간단한 문제가 아니다.

만약 토끼를 포기하고 정상까지 열심히 사슴을 몰았는데, 나머지 9명의 사냥꾼 가운데 한 명이 토끼를 쫓아 대열을 이탈한다면 무슨 일이 벌어질까? A는 열흘 치 식량은커녕 아까 잡을 수 있던 토끼도 놓치게 된다.

게임이론은 상대방이 어떻게 행동하느냐를 전제로 자신에게 가장 유리한 행동이 무엇인지를 선택하는 학문이다. 이 사슴 사냥 상황을 게임이론으로 풀이하면 이렇다. A가 어떤 행동을 하는 것이 유리한지의 결정적 단서는 과연 동료들이 믿을 만한가에 달려 있다. A를 제외한 9명의 동료가 정말로 믿을 만해서 아무도 배신하지 않고 사슴을 몰 것이라는 확신만 있다면, A는 당연히 사슴을 모는 게 유리하다(열흘 치 식량 획득!).

그러나 단 한 명이라도 배신할 것 같은 의심이 든다면 A는 사슴을 계속 몰아서는 안 된다. 이때는 당연히 토끼를 쫓아 오늘 하루라도 굶주림을 면하는 것이 유리한 선택이다(토끼라도 획득!).

협동의 사회냐? 배신의 사회냐?

이쯤 되면 '그러니까 어쩌라는 건가요? 사슴을 쫓으라는 건가요, 토끼를 잡으라는 건가요?'라는 질문이 나올 법하다. 보통 게임 이론에서는 정답이 하나로 딱 떨어지는 경우가 많다. 그런데 이 모형에서는 정답이 하나가 아니다. 정답은 '상대가 협력할 것 같으면 나도 협력하는 것이 유리하고, 상대가 배신할 것 같으면 나도 배신하는 게 유리하다.'가 된다. 전제에 따라서 내 행동이 달라져야 한다는 이야기다.

앞서 살펴본 중세 어느 나라의 역모도 사슴 사냥 게임과 비슷한 상황이다. 모두가 믿을 만하다면 역모를 밀어붙여 개국공신이 되는 게 유리하다. 하지만 누구라도 배신할 것 같으면 밀고해서 목숨이라도 건지는 편이 좋다.

사슴 사냥 모형은 우리가 일상적으로 자주 접하는 현실이다. 현실에서 사람들이 내리는 선택은 매우 다양하다. 어떤 사람은 동료를 굳게 믿고 협력하는 길을 택하고, 어떤 사람은 곧바로 동료를 배신하고 토끼를 쫓는다. 이는 구성원이 속한 사회가 신뢰할 만한 사회인지 아니면 못 믿을 사회인지에 따라 완전히 달라진다.

예를 들어 회사에 아주 난폭한 부장님이 있다고 해 보자. 부서원들이 일치단결해서 부장님의 지시를 거부하고 그를 내쫓을 수만 있다면 모두 행복해질 것이다. 하지만 이는 부서원 모두가 그 일에 동참한다는 확신이 있을 때만 가능하다. 한 명이라도 배신할 것 같은 느낌이 드는 순간, 구성원들은 앞다퉈 그 일에서 몸을 빼고 부장님께 고자질하러 달려갈 테다.

현대 주류 경제학은 인간을 '오로지 자신을 위해 이기적인 선택을 하는 존재'라고 규정한다. 반면에 비주류 경제학으로 분류되는 행동경제학은 주류 경제학의 이런 규정에 전혀 동의하지 않는다. 인간은 때로는 이기적이지만 때로는 협동적인 존재라는 것이 행동경제학의 견해다.

행동경제학 분야에 속하는 사슴 사냥 게임은 우리가 사는 세상이 생각보다 훨씬 복잡하다는 것을 보여 준다. 인간이 주류 경제학의 주장대로 오로지 이기적인 존재라고 하더라도, 어떻게 행동하는 것이 자기에게 가장 유리한지가 상황에 따라 달라지기 때문이다.

만약 어떤 사회가 서로를 믿고 협동하는 신뢰 사회라면, 그 사회에서는 신뢰를 유지하고 협동하는 것이 모두에게 가장 유리하다. 반면에 그 사회가 늘 서로 배신하는 사회라면, 당연히 이 사회에서는 배반을 일삼는 것이 유리하다. 결국 인간이 자기의 이익만 좇는 이기적 존재라고 해도 그 사회에 협동이 하나의 가치로 자리 잡고 있다면, 서로 돕고 신뢰하는 것이 자신에게도 훨씬 이익인 경우가 있다는 의미다.

여기서 우리가 사는 사회를 돌아봐야 한다. 우리는 지금 어떤 사회에서 살고 있을까? 우리가 사는 사회는 서로 돕고 신뢰하는 것을 더 중요한 가치로 삼을까, 배반과 경쟁을 더 중요한 가치로 삼을까? 아무리 생각해도 전자보다는 후자에 가까운 사회에서 살고 있는 것처럼 보인다.

그래서 우리는 은연중에 '협력은 개뿔, 무조건 남을 배신하는 게 나한테 유리하지!'라고 생각하는 경향이 강하다. 언뜻 생각하면 너무나 맞는 말 같다. 하지만 이는 경제학적으로 볼 때 사실이 아니다. 만약 우리 사회의 가치가 전체적으로 신뢰와 협동을 중심으로 재편된다면, 구성원들은 새로운 사실을 깨닫게 될 것이다. 혼자 이익을 챙기겠다고 토끼를 쫓는 것보다 서로를 믿고 사슴을 사냥하는 것이 모두에게 더 큰 이익을 안겨 준다는 점을 말이다.

우리는 자신도 모르는 사이에 불신과 배반을 당연한 것으로 알고 살아왔다. 지금이라도 이 가치를 바꿀 수는 없을까? 배신의 가치를 협력의 가치로 바꿀 수만 있다면, 지금 우리가 사는 세상의 모습은 송두리째 바뀔지도 모른다. 그리고 그 변화는 당연히 매우 긍정적이고 행복한 쪽으로 흘러갈 것이다.

바쁜 나를 위한 한 줄 요약

잘살려면 배신하는 게 유리할까?

상대가 협력할 것 같으면 협력하는 게 유리하고, 상대가 배신할 것 같으면 배신하는 게 좋다. 중요한 것은 서로를 믿는 사회일 때 서로에게 이득이 된다는 사실!

'호갱' 안 되는 법
없을까?

에이러스와 시즐먼의
가격 차별 실험

물건 하나 살 때도 가격 비교는 필수인 시대가 됐다. 일단 인터넷에서 사는 게 제일 저렴하니 컴퓨터를 켠다. 최저가에 배송비 유무까지 꼼꼼히 따지고, 괜찮으면 해외 직구까지 고려해 볼 법하다. 이렇게 하는 이유는 다 '호갱' 탈출을 위해서다. 같은 물건을 더 비싸게 사는 것은 매우 기분 나쁜 일이기 때문이다. 자, 그래서 지금부터는 일상에서 제대로 써먹을 수 있는 호갱 탈출법을 소개하려고 한다.

이제 '샤테크'는 통하지 않는다

2010년대 초반, 한국과 중국 등 아시아 국가에서는 '샤테크'라고 불리는 신종 쇼핑 기술이 유행했다. 샤테크는 비싸기로 유명한 프랑스 명품 브랜드 '샤넬'과 '재테크'의 합성어다. 즉 샤넬 제품으로 돈을 버는 기술이 샤테크다.

샤넬 제품을 사는 일부 소비자의 허영심이야 그렇다 쳐도, 이 회사의 제품을 구입해서 돈을 벌 수 있다니 무슨 뜻일까? 샤테크는 프랑스에서 팔리는 샤넬의 제품 가격이 아시아 국가에서 팔리는 제품 가격에 비해 훨씬 싼 데서 출발했다.

2010년대 초반만 해도 샤넬 제품 가운데 1,000만 원이 넘는 상품의 경우, 프랑스 현지 판매 가격이 한국 판매 가격보다 무려 200만~300만 원이나 저렴했다. 사정이 이렇다 보니 많은 소비자가 단지 샤넬 제품을 구입하려는 목적으로 프랑스행 비행기에 몸을 실었다. 비행깃값을 지불해도 훨씬 싸게 샤넬 백을 살 수 있었던 것이다. 그리고 이런 방법으로 구입한 제품을 각 나라 암시장에 내놓으면 쏠쏠한 차액을 챙길 수 있었다.

샤테크가 심해지면서 한국과 중국에 정식으로 내놓은 제품들이 팔리지 않자 샤넬은 마침내 가격 정책을 수정하기에 이르렀다. 2015년 3월, 샤넬이 세계 190개 나라에서 판매되는 제품의 가격 차이를 대폭 줄인 것이다. 이에 따라 샤넬은 한국과 중국 등 아시아 시장에서 팔리는 제품의 가격을 평균 20% 내린 반면, 프랑스를 비롯한 유럽 시장의 가격은 20% 정도 올랐다. 샤넬은 앞으로도 국가 간 가격 차이가 10% 이상 벌어지지 않도록 할 방침이라고도 전했다. 이렇게 해야 제품을 싸게 구입하기 위해 프랑스로 몰려드는 샤테크 현상을 막고, 한국과 중국에서 정식 판매되는 제품의 매출을 올릴 수 있을 것이라는 판단 때문이었다.

경제학에는 '일물일가(一物一價) 법칙'이라는 것이 존재한다. 품질이 동일한 제품이라면 시장에서 형성되는 가격도 단 하나만 존재해야 한다는 이론이다. 이유는 간단하다. 만약 하나의 제품에 두 가지 가격이 존재한다면, 그리고 소비자가 그 사실을 알고 있다면 비싼 제품을 살 소비자는 아무도 없다.

따지고 보면 샤테크 현상도 샤넬이 일물일가 법칙을 제대로 지키지 않았기 때문에 생긴 일이다. 프랑스 파리에서의 샤넬 가격이 아시아 가격보다 30%가량 싸다는 사실을 인터넷 검색으로 확인한 소비자들이 그곳으로 향한 이유가 여기에 있다. 게다가 일물일가 법칙은 인터넷 등 정보 기술이 발달할수록 더 확고해진다. 소비자들이 검색을 통해 여러 시장의 가격을 정확히 파악해 비교할 수 있기 때문이다.

가격 정책을 바꾼 샤넬의 최고 경영자 브루노 파블로브스키 Bruno Pavlovsky는 한 언론과의 인터뷰에서 "디지털 기술이 발전하고 세상은 점점 진화하고 있다. 고객은 각국의 가격 정보 등 과거보다 훨씬 많은 것을 알게 됐다. 가격 정책에 대해 모든 것을 다시 세팅

해야 하는 시점이 왔다고 판단했다."라고 털어놓기도 했다.

에이러스와 시즐먼, '호갱'의 이유를 찾다

가격 정보가 소비자에게 정상적으로 전달된다면, 하나의 제품
에는 하나의 가격이 형성돼야 한다. 그런데 신기하게도 우리 주변
에서는 일물일가 법칙이 지켜지지 않는 시장이 여러 곳에 존재한
다. 이 가게에서 1,000원 하는 제품이 바로 옆 가게에서는 2,000원
에 팔리는 일도 비일비재하다. 경제학에서는 이처럼 하나의 제품
이나 서비스에 두 개 이상의 가격이 형성되는 현상을 '가격 차별
(price discrimination)'이라고 부른다. 그러면 가격 차별은 왜 생기
는 것일까?

미국의 법경제학자 이안 에이러스[Ian Ayres]와 피터 시즐먼[Peter
Siegelman]이 1995년 발표한 「새 차를 살 때 벌어지는 인종과 성별에
대한 가격 차별(Race and Gender Discrimination in Bargaining for a
New Car)」이라는 논문에 이 질문에 대한 답이 나온다.

미국에서는 자동차 판매 가격이 매장에서 딜러와 소비자의 협
상을 통해 결정된다. 따라서 협상을 얼마나 잘하느냐에 따라 어떤
소비자는 바가지를 쓰는 '호갱'이 되고 어떤 소비자는 싼 가격에
자동차를 사는 '현명한 고객'이 된다. 미국의 자동차 판매 시장은
일물일가 원칙이 적용 안 되는 전형적인 곳인 셈이다.

왜 이런 일이 벌어지는지를 확인하기 위해 에이러스와 시즐먼

은 38명의 배우를 고용했다. 그리고 그들을 시카고 지역 153개 자동차 매장에 보내, 자동차를 사려는 고객으로 위장했다.

배우들은 모두 30세 전후의 대학 졸업자였고 매장에 방문할 때 비슷한 종류의 차를 몰도록 했다. 누구는 부자로 보이고 누구는 가난해 보이는 선입견을 자동차 딜러에게 심어 주지 않기 위해서다. 그리고 자동차 딜러가 질문하면, 반드시 미리 교육받은 대로 비슷하게 대답하도록 했다. 배우들의 단 하나 차이는 피부 색깔뿐이었다. 딜러가 보기에 이 가짜 고객들은 인종만 다를 뿐 모든 조건이 비슷했다.

어떤 결과가 나왔을까? 연구 결과 딜러들은 백인 남성보다 흑인 남성에게 평균 935달러 정도 높은 가격을 제시하는 것으로 나타났다. 흑인이 100만 원 정도 바가지를 썼다는 뜻이다. '역시 미국은 인종차별이 존재하는 나라야!'라는 섣부른 결론은 잠시 접어 두자. 정확한 결론을 얻기 위해 이들이 진행한 다른 연구도 함께 살펴봐야 한다.

에이러스와 시즐먼이 진행한 또 다른 연구는 배우들 가운데 절반은 비장애인, 나머지 절반은 휠체어를 탄 장애인으로 가장하는 방식이었다. 이번에는 이들을 자동차 정비소로 보내 차 수리를 맡기도록 했다. 자동차가 고장 난 부분은 모두 똑같았다.

어떤 결과가 나왔을까? 실험 결과 정비소에서 장애인에게 비장애인보다 무려 30% 정도 높은 수리비를 내라고 요구했다. 미국은 제품 판매 시장에서 인종차별뿐 아니라 장애인 차별마저 존재한다는 이야기일까?

'호갱' 안 되는 비법!

하지만 이 두 연구를 진행한 연구 팀의 결론은 전혀 달랐다. 연구 팀은 두 실험에서 나타난 가격 차별이 인종 혹은 장애인 차별 탓이 아니라고 단언했다. 오히려 가격 차별의 핵심은 딜러들이 호갱이 될 가능성이 높은 고객을 사전에 파악했기 때문이라는 것이 연구 팀의 결론이었다.

무슨 뜻이냐 하면, 딜러들은 흑인을 싫어해서 바가지를 씌운 것이 아니고 바가지를 씌울 만하니까 씌웠다는 뜻이다. 미국에서는 흑인이 상점에서 가격 협상하는 것을 상대적으로 귀찮아한다는 다양한 연구 결과가 이미 존재했다. 즉 딜러들은 흑인이 가격 협상을 귀찮아한다는 사실을 간파한 상태였기 때문에, 애초부터 흑인에게 100만 원 정도 바가지를 씌웠다.

이를 입증하는 사실이 두 가지 있다. 조사 결과 딜러들은 흑인과 백인 고객 가운데 오히려 흑인 고객과 더 많은 시간을 보낸 것으로 나타났다. 만약 딜러들이 흑인을 싫어해서 바가지를 씌우려 했다면, 이들이 흑인 고객과 더 오랜 시간을 보낼 이유는 없을 것이다.

또 한 가지, 당연히 흑인 딜러도 존재했다. 상식적으로 흑인이 흑인을 차별할 가능성은 거의 없다고 봐야 한다. 그런데 조사 결과 흑인 딜러도 똑같이 흑인 소비자한테 바가지 가격을 제시했다. 결국 흑인 고객이 바가지를 쓴 이유는 그들이 흑인이어서가 아니라, 협상을 게을리하는 호갱이기 때문이라는 의미다.

정비소에서 장애인들이 30% 정도 높은 바가지 가격을 제시받은 이유도 비슷하다. 연구 팀은 장애인을 연기하는 배우들에게 "차에서 내릴 때 굉장히 힘든 척을 하세요. 휠체어 꺼내는 것도 힘들게 하시고요."라고 요구했다. 이 장면을 본 정비사들은 어떻게 생각할까? '아, 이 고객은 몸이 불편하니 여기서 좀 바가지를 씌워도 다른 정비소로 가기 어렵겠구나.'라고 믿게 된다. 정비소가 바가지를 씌우는 이유는 소비자가 장애인이어서가 아니고, 이 사람이 호갱이 될 가능성이 높기 때문이라는 이야기다.

이 결론을 뒷받침하는 증거도 있다. 연구 팀은 장애인 역을 맡은 배우들 가운데 일부에게 차에서 힘겹게 내린 다음 무심코 "어, 제가 벌써 다른 정비소 몇 군데 다녀오는 중이에요."라는 말을 던지도록 했다. 그런데 이 한마디만으로도 정비소 측이 제시하는 가격은 바로 정상가로 떨어졌다. 다른 몇 곳을 들렀다는 이야기는 이곳에서 제시하는 가격이 마음에 들지 않으면 떠날 수도 있다는 경고였다. 이 경고를 들은 정비소 측은 아예 바가지를 씌울 생각을 하지 않은 것이다.

에이러스와 시즐먼의 연구는 가격 차별이 이뤄지는 가장 중요한 이유가 바로 소비자 자신에게 있다는 점을 입증한다. 좀 귀찮더라도 꼼꼼히 가격을 비교하고, 더 낮은 가격을 찾아다니는 고객은 가격 차별로 손해를 겪을 가능성이 거의 없다. 반면에 바가지를 쓰는 호갱 대부분은 가격 비교를 귀찮아하거나, 더 나은 소비를 위해 애쓸 생각이 조금도 없는 사람들이었다. 결국 현명한 소비자만이 가격 차별의 피해에서 벗어날 수 있다는 뜻이다.

사실 현명한 소비자가 되는 일은 현대사회에서 매우 중요하다. 국민의 대리인을 뽑는 선거만 해도 그렇다. 선거에서 후보자는 자신을 유권자에게 파는 판매자고, 유권자는 자기를 대리해 줄 상품을 투표로 구매하는 소비자다.

그런데 소비자가 후보자 비교를 귀찮게 생각한 나머지 대충 우리 고향 출신이라고 뽑고, 고등학교 동문이라고 뽑는 식으로 호갱 짓을 하면, 정치인은 계속해서 유권자를 속이고 나쁜 짓을 한다. 이렇게 해도 호갱인 유권자가 자신을 버리지 못할 것을 알기 때문이다.

그러나 소비자 격인 유권자가 선거 때마다 꼼꼼히 후보자를 비교하고, 가장 정직하면서 일을 잘할 후보를 선택한다면, 정치인은 유권자에게 바가지를 씌우지 못한다(이는 가장 싼 가격의 상품을 고르는 행동과 마찬가지다). 이들은 유권자에게 선택받기 위해 정직하게 활동할 수밖에 없다.

호갱과 고객의 차이는 그야말로 백지장 한 장 차이다. 조금만 더 관심을 갖고 내가 구입할 상품을 꼼꼼히 비교하는 고객이 될 것이냐, 그냥 아무 곳에서 아무 물건이나 대충 집어 드는 호갱이 될 것이냐는 순전히 소비자의 선택에 달렸다.

바쁜 나를 위한 한 줄 요약

'호갱' 안 되는 법 없을까?

태어날 때부터 호갱인 사람은 없다! 꼼꼼히 따지고, 또 따지고, 협상하라! 호갱이 되지 않으려면 그 방법밖에는 없다.

긍정적인 생각만 했는데
왜 부정적인 결과가 나올까?

스톡데일 패러독스

매사 긍정적으로 생각하라는 말들을 많이 듣는다. 부정적으로 보기 시작하면 될 일도 안 된다는 것이다. 어느 정도는 맞는 이야기다. 하지만 현실을 고려하지 않고 너무 긍정적으로만 상황을 바라본다면? 긍정의 힘만 믿으면 세상일들이 술술 풀릴까? 심리학 용어 '스톡데일 패러독스'는 꼭 그런 것은 아니라고 말한다.

인간은 자신에게 낙관적이다

내 직업이 경제 담당 기자여서 그런지는 몰라도, 가끔 주변에서 재테크 상담을 부탁하는 사람들이 있다. "어떻게 하면 노후 대비를 잘할 수 있어?", "보험이나 펀드 상품 가운데 뭐가 더 도움이 될까?" 이런 걸 묻는다.

내 노후도 대비가 안 됐는데 남의 노후까지 대비해 주고 말고 할 처지는 아니지만, 도움을 청하는 사람에게 "나도 몰라." 하고 매몰차게 굴기가 그래서 "어떤 도움을 원하는데?"라고 구체적으로 물어본다.

이때 백이면 백 다들 하는 이야기가 "요즘 100세를 바라보는 고령화 시대니까 내가 최소한 90세까지는 산다 치고…."라는 가정이다. 나는 그런 상대를 물끄러미 바라보며 '아무리 봐도 넌 90세까지 못 살 것 같은데….'라고 속으로 생각한다. 상담을 요청하는 친구 대부분은 나와 동년배인 나이 50세 전후의 아저씨들이다. 이 아저씨들은 대체로 평소에 한 시간도 운동하지 않고, 매일 과로에 찌들어 산다. 음주와 흡연에 절어 있는 이들도 꽤 된다. 그런데도 대부분은 자신이 100세 고령화 시대를 맞아 당연히 아주 오랫동안 만수무강할 것이라고 생각한다.

'90세까지 살 생각으로 노후를 대비하기 전에 운동부터 좀 하고 살아라!'라는 핀잔이 목구멍까지 치솟지만, 원래 나이가 들면 친구의 사소한 한마디에도 상처를 많이 받는 법이다. 그래서 그냥 아는 대로 이런저런 조언을 (무성의하게!) 해 주고 대화를 마친다.

행동경제학에서는 인간의 이런 심리를 '낙관 편향'이라는 단어로 설명한다. 인간은 자신의 미래가 유리하게 전개된다고 믿는 성향이 있다. 이에 관해 '행동경제학의 아버지'로 불리는 경제학자 대니얼 카너먼은 흥미로운 연구를 진행한 적이 있다.

카너먼은 창업한 사업가들에게 "당신의 회사가 성공할 확률이 얼마나 될까요?"라고 물었다. 이때 응답자의 60% 이상이 "매우 큰 성공을 거둘 것"이라고 답했다. 하지만 정작 통계를 살펴보면 미국의 신생 기업이 설립 이후 5년 동안 살아남을 확률은 35%밖에 되지 않는다. 사업가들이 자기 회사의 전망을 너무 긍정적으로 보고 있다는 이야기다.

결혼을 앞둔 커플에게 "부부가 된 뒤 이혼을 할 확률은 몇 %입니까?"라고 물어도 대답은 비슷하다. 대부분 연인은 "우리가 갈라설 확률은 1%도 안 된다"고 장담한다. 하지만 실제로 서양 사회에서 이혼율은 40%가 넘는다. 역시 사람들은 자신의 미래에 너무 낙관적이다.

뇌과학자이자 심리학자인 탈리 샤롯Tali Sharot도 저서 『설계된 망각』에서 비슷한 연구 결과를 발표했다. 샤롯이 진행한 실험은 간단하다. 그는 청중을 모아 놓고 "사교적 능력이 상위 25%에 든다고 생각하면 손을 드세요."라고 말했다. 그러자 응답자의 90% 이상이 손을 들었다. 사교성 상위 25%에 드는 사람의 숫자가 청중의 90%일 수는 없다. 25%만큼만 손을 들어야 정상이다. 하지만 대부분 사람은 자기가 상위 25%에 든다고 굳게 믿는다. 그만큼 자신에 대해 낙관적이다. '사교성'을 '운전 능력'으로 바꿔서 물어봐도 응답률은 비슷할 것이다. 대다수가 자신이 매우 운전을 잘한다고 착각한다.

낙관적인 생각만 하는 것이 늘 좋을까?

많은 인류학자와 진화경제학자는 인간의 이 같은 낙관주의가 인류의 진화에 크게 이바지했다고 본다. 미국 럿거스대학 인류학과 라이어널 타이거Lionel Tiger 교수는 "인간이 진화할 수 있었던 이유는 낙관적인 환상 덕분"이라고 단언했다.

생각해 보자. '내가 하는 일이 모두 잘될 것'으로 믿는 낙관주의가 없다면 3월에 씨를 뿌려 10월에 곡물을 수확하는 일이 어떻게 가능할까? 7개월 동안 홍수도 닥칠 것이고 가뭄도 닥칠 것이다. 하지만 인간은 '그래도 내가 뿌린 씨는 잘 자라서 곡식을 만들어 낼 거야.'라고 낙관한다. 그러니까 그 무모한 일을 한다.

분노한 들소 떼 사이에 뛰어들어 사냥하는 일도 마찬가지다. 조금만 상식적으로 생각해 보면 그 일은 너무나 위험해서 절대로 하고 싶지 않아야 한다. 하지만 인간은 꿋꿋이 사냥을 나간다. '우리는 오늘 사냥을 성공해서 맛있는 쇠고기를 잔뜩 먹을 거야.'라는 낙관적 생각에, 분노한 들소 떼 사이로 기꺼이 몸을 던지는 것이다. 낙관적 생각이 무모한 도전을 가능케 하고, 그 무모한 도전이 다시 인류의 진화를 이끌어 낸다.

그런데 낙관 편향이 반드시 사람에게 이로운 것만은 아니다. 인간의 뇌가 낙관적이기 때문에 나타나는 안 좋은 일도 있다. 가장 중요한 오류는 인간이 오만해진다는 사실이다. 샤롯은 낙관적 편향이 두드러진 학생들이 성적표를 받은 뒤 보이는 반응을 연구했다.

첫 번째 시험 때는 문제를 쉽게 내고 채점도 후하게 했다. 그런데 좋은 성적을 받아 든 학생 대부분은 "역시 이번 시험은 준비를 잘했어."라거나 "내가 똑똑해서 시험을 잘 봤어."라는 반응을 보였다. 참 낙관적인 학생들이다.

두 번째 시험 때는 문제도 어렵게 내고 채점도 박하게 했다. 그러자 형편없는 성적을 받아 든 학생들의 반응은 첫 번째 시험 때와 완전히 달랐다. 적지 않은 학생들이 "이번 시험은 문제가 왜 이렇게 엉망이야?"라거나 "선생님이 엉뚱한 시험 문제를 낸 탓이야."라는 식으로 남 탓을 했다. 그리고 이 학생들은 다음에 다시 시험을 보면 반드시 A 학점을 받을 수 있다고 낙관했다. 이처럼 사람이 너무 낙관적이면 현실을 무시하고 오만해진다. 이것이 낙관 편향이 인류에게 주는 어두운 면이다.

스톡데일은 어떻게 살아남았을까?

낙관적으로 살기만 하면 모든 것이 해결될까? '스톡데일 패러독스'는 이에 대해 적절한 답을 준다. 이 이론에 나오는 '스톡데일'은 제임스 스톡데일 James B. Stockdale 이라는 사람의 이름이다. 그는 미군 소속으로 항공기를 조종하는 장교였는데, 베트남전쟁에 참전했다가 대공포에 격추당해 포로로 잡히고 말았다.

베트콩(베트남 공산주의자라는 뜻으로, '남베트남 민족 해방 전선'을 이름) 입장에서 미군은 침략군이므로 그들은 미군 포로를 매우 적대적으로 대했다. 실제로 베트콩 군대는 미군 고위 장교(중령)인 스톡데일에게 상당한 수준의 폭행과 고문을 가했다. 스톡데일은 당시 악명 높은 '호아로(Hoa Lo)'라는 수용소에서 무려 7년 6개월을 갇혀 살았는데, 이곳에서 받은 고문으로 인해 팔이 마비될 정도였다. 이때의 후유증으로 그는 평생 장애를 갖고 살아야 했다.

하지만 이 험악한 시기를 끝내고, 그가 살아남아 1973년에 석방된 것은 기적 같은 일이었다. 스톡데일과 함께 수감된 동료 포로들은 7년은커녕 몇 년도 못 견디고 거의 목숨을 잃었기 때문에, 정말 놀라운 일이었다. 살아 돌아온 스톡데일에게 기자가 "당신은 어떻게 그 긴 기간을 이겨 내고 살아 돌아왔나요? 동료 대부분이 죽었잖아요."라고 물었다. 이때 스톡데일이 대답했다. "불필요할 정도로 지나치게 낙관적인 사람들은 다 죽었습니다. 저는 그렇지 않았기 때문에 살았고요."

스톡데일에 따르면, 그의 동료들은 근거 없는 낙관과 희망을 가지고 있었다. 아무런 근거도 없이 '이번 크리스마스 전에는 나갈 수 있을 거야.'라고 믿었다. 그러다가 크리스마스가 지나면 '부활절 전에는 석방될 거야.'라는 희망을 확신으로 키워 나갔다.

하지만 이들은 막상 크리스마스가 지나고, 부활절이 지나고, 추수감사절이 지나도 석방되지 못했고 커다란 실망에 빠졌다. 결국 그들은 상실감을 이기지 못하고 목숨을 잃었다는 것이다.

반면에 스톡데일은 달랐다. 물론 그도 동료들처럼 '나는 석방될 수 있어.'라고 생각하며 미래를 낙관했다. 하지만 스톡데일은 '시간이 지나면 석방될 거야.'라는 근거 없는 생각을 품지 않았다. 그는 현실이 결코 녹록지 않다는 사실을 절대로 망각하지 않았다. 그래서 엄혹한 현실에 맞서기 위해 만반의 준비를 하고 이에 차분히 대응했다.

스톡데일은 수용소에서 미군들을 조직해 시위를 벌였다. 일부 동료는 적군의 회유에 넘어갔지만, 스톡데일은 단단히 마음의 준비를 하고 버텼다. 고문당할 때도 '이번 고문은 더 고통스러울 것이다. 잘 참아야 한다.'라며 스스로 다짐해 나갔다. 부하 포로들의 고립감을 덜어 주기 위해 자기들끼리만 소통할 수 있는 정교한 내부 통신체계를 만들기도 했다.

스톡데일은 치밀하게 준비하고 대응하면서, 당장 원하는 결과가 나오지 않아도 실망하지 않았다. 다가올 미래를 준비하며 닥칠 고난을 의연하게 대비했다.

준비된 낙관주의가 진짜 낙관주의

'스톡데일 패러독스'에서 '패러독스(paradox)'란 '모순'이라는 뜻이다. 왜 여기에 모순이라는 말이 붙느냐면, 낙관주의는 사람에게 좋은 점과 나쁜 점 모두를 안겨 주기 때문이다. 앞서 이야기했듯 낙관은 인류를 진화시키고 도전을 감행하게 한다. 그래서 낙관에는 분명히 좋은 면이 있다.

하지만 낙관이 과해서 근거 없는 낙관주의로 흐르면, 이는 오히려 사람을 파멸시킨다. 잔뜩 기대하며 희망을 품었다가 결과가 나쁘면 사람은 절망에 빠져서 자포자기의 길을 걷게 된다.

그래서 정말로 좋은 낙관주의는 '무조건 잘될 거야.'라는 자기중심적인 희망이 아니라, 현실이 어렵다는 걸 인정하고 더 나은 미래를 위해 철저히 준비하는 낙관주의다. 이런 낙관주의는 자기가 원하는 세상이 오늘 오지 않아도 절망하지 않는다. 그리고 엄혹한 현실에 맞서 싸우기 위해 또 준비한다.

자, 이 글을 읽는 여러분에게도 고민거리가 많을 것이다. 그런데 낙관 편향이 강하다면 '곧 모든 일이 잘 풀릴 거야.'라고 기대하게 될 테다. 만약 그렇지 않다면? 단지 이번에는 운이 없었기 때문이 아니다. 뭔가 준비가 덜 됐기 때문이다.

너무 잔인한 말 아니냐고? 천만의 말씀! 스톡데일 패러독스의 가르침은 준비된 낙관주의만이 밝은 미래를 보장해 준다는 것이다. 이번에 긍정적인 결과가 나오지 않아도 괜찮다. 다음에 더 준비를 잘하면 된다. 지금 우리에게 가장 위험한 것은 근거 없는 낙관주의에 휘말려 잔뜩 기대했다가 실패했을 때, 털썩 주저앉아 절망하는 일이다.

바쁜 나를 위한 한 줄 요약

긍정적인 생각만 했는데 왜 부정적 결과가 나올까?

긍정적인 생각만 하면 오히려 오만해지기 쉬우며, 이는 실패로 이어질 수 있다. 철저한 준비를 한 뒤에 낙관적인 생각을 해야 한다. 그러면 실패해도 다시 일어날 수 있다!

사기 안 당하려면
어떻게 해야 할까?

신뢰의 경제학

눈 뜨고 코 베이는 세상이다. 사기를 당하려면 어디서든 당할 수 있다. 중고 사이트에서 소액 거래를 할 때도, 전세 자금처럼 큰돈을 낼 때도 절대 방심해선 안 된다. 사기꾼이 넘쳐 나는 세상에서 어떻게 하면 피해를 안 보고 살 수 있을까? 이번에는 그 방법을 배워 본다.

두 번 속으면, 속은 놈이 바보다

1920년 미국의 한 신문에 눈에 띄는 광고가 실렸다.

"우리 회사에 투자하세요.
돈을 맡기면 45일 뒤에 원금의 50%를 이자로 돌려드립니다."

실로 눈이 번쩍 뜨이는 광고였다. 왜냐하면 당시 미국 은행의 예금 이자율은 고작 연 4%에 불과했기 때문이다. 그런데 이 회사는 단 45일 만에 무려 50%의 이자를 준다고 공언했다. 연 이자율로 환산하면 400%에 이르는 수치다. 원금 1만 원을 맡기면 1년 뒤에 4만 원을 이자로 준다는 이야기이니 얼마나 환상적인가?

많은 사람들이 광고에 혹해서 회사에 돈을 맡기려고 몰려들었다. 그렇게 모인 돈은 눈덩이처럼 불어났다. 마침내 45일이 지나 돈을 맡긴 투자자들이 이자를 받을 때가 됐다. 그런데 이 회사는 진짜로 약속한 이자를 투자자들에게 안겨 줬다. 사람들은 회사를 더욱 신뢰하게 됐고, 더 많은 돈이 회사로 모여들었다.

대체 회사는 무슨 수로 이런 엄청난 이자를 줄 수 있었을까? 이자로 지급된 돈은 다름 아닌 나중에 투자한 사람들의 투자금이었다. 뒷사람들이 투자한 돈을 빼내 앞사람에게 이자를 지급한 것이다. 속담으로 치면 '아랫돌 빼서 윗돌 괸다'는 식이고, 요즘 말로 하면 다단계 사기를 친 꼴이다.

하지만 이런 식의 돌려 막기는 오래갈 수 없는 법이다. 누군가 점차 불안을 느껴 돈을 인출하는 순간, 회사는 멸망의 길로 들어서게 되어 있다. 돈을 찾는 사람이 늘어날수록 회사의 자금이 부족해지니 당연히 이자를 제때 지급하지 못한다. 이자가 제때 나오지 않으면 사람들의 불안은 더욱 커진다. 더 많은 사람이 돈을 찾겠다고 몰리고, 회사는 이자는커녕 원금도 돌려줄 여유가 없는 상태가 된다.

실제로 이 회사는 사업을 시작한 이래 단 6달 만에 요즘 돈으로 환산하여 1,000억 원이 넘는 거금을 모았다. 하지만 파산에 이르는 속도 역시 엄청나게 빨랐다. 1,000억 원을 모은 뒤로 이 회사는 단 한 달 만에 망해 버렸다.

이 사건을 가리켜 경제학에서는 폰지 게임(Ponzi game)이라고 부른다. 이 사기를 친 주인공의 이름이 찰스 폰지 Charles Ponzi였기 때문이다. 이탈리아에서 꽤 부유한 집안의 아들로 태어난 폰지는 물려받은 재산을 흥청망청 탕진한 이후 미국으로 이민을 와서 이 기막힌 사기 행각을 벌였다.

"에이, 누가 저렇게 뻔히 보이는 사기에 속아요?"라고 장담하지 말길 바란다. 이 사건으로 피해를 본 투자자가 무려 4만 명이나 되었다. 심지어 쟁쟁한 대형 은행 다섯 곳도 이 사기 행각에 속아 돈을 투자했다가 문을 닫았다.

"한 번 속으면 속인 놈이 나쁜 놈인데, 두 번 속으면 속은 놈이 바보"라는 말이 있다. 그런데 2000년대 미국에서는 폰지 게임과 비슷한 초대형 사기가 또다시 벌어졌다. 미국 금융권을 주름잡던 버나드 매도프^{Bernard Madoff}라는 자가 1970년대부터 30여 년 동안 폰지 사기를 벌인 것이다. 매도프 역시 뒷사람의 투자금을 앞사람에게 건네며 엄청난 수익률을 올리는 것처럼 위장하여 사기 행각을 벌였다.

매도프는 심지어 미국의 3대 증권시장 중 하나인 나스닥의 최고경영자까지 지낸 금융계의 거물이었다. 사람들은 매도프를 철석같이 믿고 돈을 맡겼다. 매도프에게 사기를 당한 사람 중에는 영화계의 거물 스티븐 스필버그^{Steven Spielberg}도 있었다. 세계에서 제일 똑똑한 사람들이 모였다는 미국 금융권 월가의 유력 인사들도 줄줄이 사기 피해자 명단에 이름을 올렸다. 매도프의 사기 규모는 무려 70조 원에 이르렀다. 2009년 3월 미국 법원은 매도프에게 무려 징역 150년(!) 형을 선고했다.

왜 자꾸 사기를 당하는가

사람들은 어떤 결정을 할 때, 다양한 검증과 충분한 검토를 거친다고 생각한다. 하지만 안타깝게도 이 문제에 대한 행동경제학의 답은 "천만에요. 사람은 그러지 않아요."다. 행동경제학에 따르면 인간은 근거가 매우 부족한 상황에서도 상대방을 쉽게 믿는다. 그래서 사람은 속이기 쉬운 존재다. 유사 이래 사기 사건이 끊이지 않는 이유도 인간이 남을 너무 쉽게 믿기 때문이다.

이에 관해 UC버클리대 경영대학원 캐머런 앤더슨^{Cameron Anderson} 교수가 흥미로운 실험을 한 적이 있다. 연구 팀은 한 번도 만난 적이 없는 학생들을 모아 네 명씩 한 팀으로 묶었다. 그리고 매우 어려운 수학 문제를 팀별로 풀도록 지시했다.

미국 사람들은 팀별 과제를 받으면 먼저 리더를 뽑아 리더의 지시에 따라 움직이는 경향이 강하다. 앤더슨 교수는 몰래카메라로 팀원들이 어떤 사람을 리더로 뽑는지 관찰했다. 네 명의 팀원 중에는 수학 성적이 매우 뛰어난 사람도 있었고 인화력이 매우 뛰어난 사람도 있었다.

그런데 관찰 결과 리더가 된 사람은 무엇보다도 자신감이 넘치는 사람이었다. 수학 문제를 푸는 과제였으니 수학 실력이 뛰어난 사람을 리더로 뽑아야 마땅한데, 사람들은 "나만 믿어. 내 말대로 하면 풀 수 있어!"라며 적극적이고 자신감 있게 나서는 사람을 리더로 뽑았다. 실로 비합리적인 신뢰지만, 사람들은 목소리만 커도 그 사람을 쉽게 믿는다.

앤더슨 교수는 2016년 〈성격 및 사회심리학 저널(Journal of Personality and Social Psychology)〉에 '신뢰받는 리더가 되기 위해서는 근육을 키워야 한다'는 연구 결과를 발표한 적이 있다. 실험 팀이 참가자들에게 몇 사람의 사진을 보여 준 뒤 "누구를 리더로 뽑고 싶으세요?"라고 물었더니, 응답자 중 상당수가 근육질의 남자를 선택했다는 것이다. 이런 제기랄! 고작 근육을 키우는 것만으로도 사람을 속일 수 있다니!

스탠퍼드대 경영대학원 로더릭 크레이머 Roderick Kramer 교수의 실험은 더 적나라하다. 크레이머 교수는 그룹을 만든 뒤 그들에게 가장 믿을 만한 사람을 뽑으라고 지시했다. 그러고 나서 그 과정을 살펴보니, 신뢰를 얻는 사람은 절대 대단한 사람이 아니었다. 그저 차분한 목소리로 이야기를 하고, 대화를 하면서 상대의 등을 토닥여 준다거나 악수를 할 때 손을 꼬~옥 잡는 식으로 매너 있는 행동만 해도 신뢰도가 엄청 높아진다는 것이다.

크레이머 교수는 농담 삼아 "세상에서 제일 쉬운 것 중 하나가 학생들한테 신뢰를 얻는 것"이라고 이야기한다. 교수로서 학생에게 신뢰를 얻으려면 그저 수업 시간에 목소리를 차분하게 하면 된다. 그리고 학생들을 만나면 인자한 미소를 지으면 된다. 이 두 가지만 잘하면 학기가 끝날 때쯤 학생들이 "크레이머 교수님은 진짜 믿을 만한 사람이에요. 교수님 연구는 정말 신뢰가 가요."라며 감탄한단다.

아직 문제는 끝나지 않았다. 엎친 데 덮친 격으로 사람들은 자기의 판단이 매우 옳다고 착각하는 경향마저 있다. 크레이머 교수는 자신의 수업을 듣는 경영대학원 학생들에게 "다른 사람을 정확하게 평가하는 나의 능력은 어느 정도인가?"에 대해 물은 적이 있다.

그런데 응답자의 66%가 "타인을 정확하게 평가하는 나의 능력은 상위 25%에 속한다"고 답했다. 상위 25% 안에 66%가 포함될 수는 없는 법이다. 심지어 응답자의 20%는 자신의 능력이 상위 10% 안에 든다고 확신했다. 사람들이 자신의 판단 능력을 이렇게 과대평가한다는 이야기다.

이런 사람들은 속이기 참 쉽다. 그런데 정작 속은 사람들은 자기가 사기를 당한 줄도 모르고 '내 판단은 정확하기 때문에 절대 속지 않아!'라고 거드름을 피운다. 크레이머 교수는 이런 결론을 내렸다. "사람들로부터 신뢰를 얻기 위해서는 그렇게 많은 노력이 필요하지 않다. 신뢰는 인간의 본성이기 때문이다. 인간은 일상적, 반사적으로 타인을 신뢰한다. 사실 아무 생각 없이 남을 믿는 일도 매우 많다."

주제 파악이 관건이다!

그렇다고 너무 슬퍼하지는 말자. 역사 이래로 속고 속이는 일이 없었던 적이 있었던가. 그만큼 남을 믿는 것은 인간의 본성에 가깝다는 이야기다.

쉽지는 않지만, 우리는 노력을 통해 얼마든지 사기당하지 않을 수 있다. 크레이머 교수는 "신뢰를 조절하는 요령을 키우는 것이 가장 중요하다"고 조언한다.

그 첫 번째 방법으로 크레이머 교수는 "자기 자신을 알아야 한다"고 말한다. 쉽게 말해 주제 파악을 잘해야 한다는 이야기다.

타인을 무조건 의심하라는 이야기가 아니다. 사람 사이에서 진실한 신뢰가 형성되면 일의 효율이 비약적으로 높아진다. 문제는 무턱대고 남을 믿었다가 사기를 당하면 큰 낭패를 볼 수 있다는 데 있다.

이를 피하기 위해서는 자신이 남을 잘 믿는 사람인지 아닌지부터 파악해야 한다. 남을 너무 잘 믿는 사람이라면, 상대방에 대한 신뢰가 샘솟을 때 일단 멈춰야 한다. '나는 남을 잘 믿는 사람이야. 하지만 이번 일은 너무 중요하니까 믿음을 잠시 거두고 의심을 해 보자.'라고 생각하면 꼼꼼한 점검이 가능해진다.

또 한 가지, 크레이머 교수는 "경계를 늦추지 말고 항상 질문을 던져야 한다"고 조언한다. 대부분의 사람들은 일단 결정을 내리면 특별한 이상 징후가 감지되지 않는 한 자신의 결정에 의문을 품지 않는다. 하지만 이는 매우 위험한 행동이다.

매도프에게 금융 사기를 당한 사람들 대부분은 돈을 맡기기 전 꼼꼼히 매도프의 능력을 살폈다. 하지만 일단 돈을 맡기고 난 다음에는 더 이상 의심하지 않았다. 자기의 결정을 믿었기 때문이다. 매도프에게 당한 사람 중에는 1986년 노벨평화상을 수상한 엘리 비젤Elie Wiesel도 포함돼 있었다. 비젤은 나치스에게 붙잡혀 가족을 잃었고, 홀로코스트에서 힘겹게 살아남았다. 그는 평생을 인종 차별과 인권 신장을 위해 싸운 존경받는 인물이었다.

하지만 사기꾼은 노벨평화상 수상자라고, 존경받는 인권 운동 가라고 봐주는 법이 없다. 우리에게 필요한 것은 신뢰를 조절할 수 있는 능력이다. 자기 자신의 능력을 냉정하게 평가하고, 결정을 내린 이후라도 끝없이 질문을 던져야 한다. "나는 절대 사기를 당하지 않아!"라고 과신하지 말아야 한다.

'이런 글까지 읽었으니 나는 앞으로 절대 사기를 당하지 않을 거야'라고 자만하지 말라. 그런 확신이 드는 순간, 사기꾼은 바로 당신을 노린다!

바쁜 나를 위한 한 줄 요약

사기를 안 당하려면 어떻게 해야 할까?

자신이 남을 믿는 사람인지 의심해야 한다. 아, 잘 믿지 않는 철저한 사람이라고? 그렇다면 더욱더 조심하자. 자신을 과대평가하지 말고, 결정을 내린 뒤에라도 점검 또 점검하라.

2장

경제학,
타인의 심리를 파헤치다

왜 그는
이케아에 열광할까?

이케아 이펙트

주말이면 이케아 매장은 수많은 사람들로 분주하다. 이케아에서 고객은 원하는 제품을 선반에서 끄집어내 카트에 실어 계산대로 옮긴다. 계산대에서 돈을 지불하고 제품을 자동차에 실은 뒤 집으로 가져간다. 집에 도착하면 포장을 풀고 설명서를 보며 전동 드라이버 등을 이용해 부품들을 조립한 뒤 하나의 가구로 만든다. 만들어진 상품을 사서 쓰면 훨씬 편할 텐데, 왜 소비자는 굳이 이런 불편을 감수하는 걸까?

이승기는 왜 라면에 집착했나?

KBS 2TV에서 일요일 저녁에 방송되는 〈1박 2일〉이라는 예능 프로그램의 역사는 매우 깊다. 2007년 〈해피 선데이〉라는 주말 예능 프로그램의 한 코너로 편성된 '시즌 1'은 2012년 2월 막을 내릴 때까지 그야말로 선풍적인 인기를 끌었다. 한때 시청률이 40%를 넘길 정도였다.

시즌 1의 전성기를 이끈 인물은 강호동, 이승기, 이수근, 은지원, MC몽, 김C 등 6인의 출연자였다. 이들은 요즘 케이블 채널에서 맹활약하는 나영석 PD와 환상의 '케미'를 이루며 〈1박 2일〉의 전성기를 만들어 냈다.

이 프로그램에서 기억나는 장면이 하나 있다. 하루는 멤버들이 야외에서 바비큐 식사를 했다. 저녁 복불복에 성공한 그들은 삼겹살, 등심 등 풍부한 바비큐 재료를 얻었다. 이때 형들은 고기를 굽고 막내 이승기 씨가 라면을 끓였다.

식사가 시작되자 대부분 멤버는 고기를 집어 먹느라 바빴다. 이때 이승기 씨는 "형들, 라면이 잘 끓여졌어요. 드셔 보세요."라며 라면을 계속 권했다. 하지만 앞에서 고기가 노릇노릇 구워지는데 누가 라면에 눈길을 주겠나? 형들은 건성으로 라면 한두 젓가락을 집어 먹고 다시 고기에 집중했다. 반면에 이승기 씨는 "형, 라면 진짜 맛있어요."라며 라면에 집착하는 모습을 보였다. 이승기 씨는 왜 그랬을까? 상식적으로 캠핑 장소에서 바비큐 파티를 하면 라면

보다 고기가 더 맛있을 텐데….

친구들과 여행을 가 보면 이런 일이 꼭 벌어진다. 누군가가 요리를 하면 그 친구는 끊임없이 "맛있지?"라고 말하면서 자기 요리를 주변 사람들에게 강요한다. 사실 먹어 보면 그다지 맛있지 않은 경우가 대부분이다.

이처럼 많은 사람이 자기가 직접 만든 음식에 이상한 애착을 가진다. 남이 해 준 음식이라면 그저 그런 맛인데도, 자기가 직접 한 요리는 특히 맛있다고 느끼는 사람이 많은 것 같다. 그냥 혼자서 맛있다고 생각하면 좋을 텐데, 옆 사람에게 자꾸 먹이려는 것은 민폐 아닐까 싶기도 하다!

이케아, 우리는 불편함을 팝니다

인간이 자기가 직접 만든 것에 애착을 느끼는 점에 착안하여 성공한 회사가 있으니, 바로 '이케아'다. 이케아는 1943년에 스웨덴에서 설립된 아주 작은 가구 회사였다(가구 사업은 1947년에 시작). 하지만 그 뒤 이 회사는 성장을 거듭해 지금은 전 세계 49개 나라에서 가구를 파는 거대한 기업이 됐다. 2016년에 이 회사가 올린 매출액만 350억 유로, 우리 돈으로 45조 원이나 됐으니 어마어마하게 가구를 많이 팔아 치운 회사라고 할 수 있다.

특이한 점은 이케아의 별명이 '불편함을 파는 회사'라는 것이다. 벌써 좀 이상하다! 그렇게 가구를 많이 파는 회사라면 당연히 소비자들에게 편리함을 팔아야 할 것 같은데 이케아는 거꾸로 불편을 판다고 하니 말이다. 실제로 뤼디거 융블루트$^{Rüdiger\ Jungbluth}$라는 작가가 쓴 이케아를 분석한 책의 제목 또한 '이케아, 불편을 팔다'였다.

쉽게 이야기해서 이케아는 완성된 가구를 팔지 않는 회사다. 식탁을 주문하면 커다란 상판과 다리 네 개, 그리고 이들을 조립할 수 있는 여러 크기의 나사가 배달된다. 아, 조립을 위한 설명서도 한 장 들어 있긴 하다. 이렇게 파는 대신 가격은 싼 편이다. 완성 가구에 비해 20%가량 저렴하다는 것이 이케아 가구의 최대 장점이다.

문제는 집에서 이 식탁을 사용하려면 구매자가 직접 조립해야 한다는 점에 있다. 그래서 이케아 가구를 주문한 가정에서는 주말에 아빠들이 가구를 조립하느라 끙끙댄다. 하지만 조립이라는 것이 말처럼 쉽지 않다. 실험 삼아 이케아에서 서랍장을 하나 주문해본 적이 있는데, 워낙 손재주가 없는 탓인지 조립하는 데 이틀이나 걸렸다. 솔직히 고백하자면 만들다가 짜증이 나서 중간에 집어치울 뻔했다!

사람은 자기 노동을 특별히 사랑한다

이처럼 불편한 이케아 가구가 왜 큰 인기를 끌까? '20% 정도 싸니까 인기가 있겠지!'라는 답은 너무 단순하다. 물론 낮은 가격이 이케아로 고객을 이끄는 중요한 요인 중 하나이긴 하다. 하지만 잘못하면 며칠 밤을 새워서 조립해야 하는데, 그 불편함을 감수하는 것은 쉬운 일이 아니다.

경제학적으로 따지면 사람은 무언가를 선택할 때 비용과 이익을 냉정하게 분석한다. 이케아 가구를 살 때 얻는 이익은 완성품 가구를 살 때에 비해 20% 정도 할인된 가격이다. 반면에 지불해야 하는 비용은 몇 시간, 혹은 며칠이 걸릴지 모르는 시간과 노동이 된다.

냉정한 사람이라면 이 두 가지를 비교해 선택해야 한다. 이케아 가구를 구입해서 얻는 할인 이익이 5만 원 정도인데, 조립하느라 드는 시간이 5시간이라고 가정해 보자. 그리고 구매자는 보통 한 시간 동안 일하면 2만 원을 번다. 이러면 이 구매자는 이케아 가구를 절대 사서는 안 된다. 조립하는 데 드는 5시간에 일을 하면 10만 원을 벌 수 있으니까. 그런데 많은 사람이 이런 계산을 포기하고 그냥 이케아를 사랑한다. 심지어 조립하는 데 사흘이 걸려도 이케아 가구만 고집하는 마니아들도 많다.

이에 대해 행동경제학자 댄 애리얼리Dan Ariely 듀크대 교수와 마이클 노턴Michael I. Norton 하버드대 교수가 실험을 진행한 적이 있다. 이들은 52명의 대학생을 모은 뒤 26명씩 두 개의 그룹으로 나눴다. 한 그룹의 학생에게는 이케아의 수납 상자를 조립하도록 했고, 나머지 학생에게는 그냥 완성품 수납 상자를 주면서 그 가구를 살

퍼보게 했다. 그리고 두 그룹에 자신이 만든 제품, 혹은 살펴본 제품을 산다면 얼마를 낼 것인지를 적어 보라고 했다. 그랬더니 직접 상자를 조립한 학생들은 0.78달러의 가격을 내겠다고 한 반면, 완제품을 살펴본 학생들은 고작 0.48달러만 내겠다고 적었다.

이번에는 두 그룹에 자신이 만든 제품, 혹은 살펴본 제품의 품질을 1점에서 7점 사이의 점수로 매겨 보라고 요청했다. 직접 상자를 조립한 학생들은 자신의 가구에 평균 3.81점을 준 반면, 완제품을 살펴본 학생들은 그에 훨씬 못 미치는 2.5점을 줬다. 직접 가구를 조립한 참가자들이 자신의 손길이 고스란히 담긴 가구의 가격과 점수를 모두 높게 책정한 것이다.

이 실험을 통해 두 경제학자는 새로운 두 가지 결론을 이끌어 냈다. 첫째, 사람은 이익과 비용을 번개처럼 계산해서 오로지 이익이 되는 방향으로만 행동하는 냉정한 존재가 절대로 아니라는 사실이다. 둘째, 사람은 비록 시간이나 비용 면에서 손해를 보더라도, 자기가 손수 조립하고 자신의 노동이 가해진 제품에 매우 큰 애정을 갖는다는 점이다. 이는 바로 이케아 이펙트(IKEA effect)와 연결된다.

참여가 세상을 바꾼다

이제 왜 수많은 사람들이 주말에 가구를 조립하느라 끙끙대는지 이해가 됐을 것이다. 〈1박 2일〉에서 이승기 씨가 왜 맛있고 기름진 고기가 아니라, 자기가 끓인 라면에 그토록 집착했는지도 설명이 된다.

이를 확인하기 위해 노턴 교수는 새로운 실험을 진행했다. 참가자들에게 종이접기를 시킨 뒤 완성된 종이접기 작품을 걷어서 그것을 경매에 부쳐 판 것이다. 그런데 놀라운 일이 벌어졌다. 종이접기에 참가한 사람들은 자기가 직접 만든 작품을 사기 위해 웃돈까지 얹는 열성을 보였다. 고작 종이접기 완성품일 뿐인데, 사람들은 자기가 만든 작품이 전문가의 작품만큼이나 가치가 있다고 생각했다.

노턴은 이렇게 설명했다. "물건을 만드는 일에 직접 참여하면, 사람의 자부심이 높아진다. 그리고 그 자부심은 자신이 만든 물건의 가치를 높게 평가하도록 만든다." 이케아가 고작 20% 정도 가격을 싸게 매기면서도 전 세계적으로 인기 있는 이유가 바로 여기에 있다.

이케아 이펙트를 잘못 이해하면 '사람이 생각보다 참 멍청하구나.'라는 결론으로 이어지게 마련이다. 자기가 만들었다고 쓸데없이 애정을 쏟는 것이 멍청해 보일 수도 있기 때문이다.

하지만 꼭 그렇게 부정적으로 해석할 일만은 아니다. 사람은 원래 조금씩 허술한 존재다. 그리고 자기가 손수 만든 제품에 더 큰 애정을 갖는 것은 어찌 보면 매우 인간적인 심리이기도 하다. 그래서 이케아 이펙트를 잘 활용하면 세상을 보다 아름답게 만드는 일에 공헌할 수 있다. 무슨 이야기냐고? 이케아 이펙트는 다른 말로 '참여'의 중요성을 알려 주기 때문이다.

생각해 보자. 주류 경제학은 지금까지 사람은 오로지 자기에게 이익이 되는 방향으로만 움직인다고 가르쳐 왔다. 하지만 이케아 이펙트에 따르면, 사람은 이익이 되지 않더라도 자기가 손수 만들고 참여한 제품을 더 아끼고 사랑한다.

봉사 활동을 살펴보자. 봉사는 사실 매우 비경제적인 활동이다. 봉사를 한다고 나한테 생기는 이익이 전혀 없기 때문이다. 하지만 세상은 이런 이타적인 봉사와 협력이 있어야 아름답게 유지된다.

이기적인 인간이라면 절대 할 수 없는 봉사와 협력을 어떻게 확대할 수 있을까? 바로 참여의 기회를 넓히는 것이다. 머릿속으로 '가난한 어르신들에게 식사를 대접하는 행동은 도덕적이야.'라고 생각하는 것과, 직접 '밥퍼' 봉사 활동에 참여하거나 독거노인 식사 배달 봉사를 해 보는 것은 천지 차이다. 실제로 봉사에 참여해 보면 봉사 활동의 소중함이 더 크게 마음에 와닿는다. 내가 직접 퍼 드린 밥을 맛있게 드시는 어르신의 행복한 표정은 봉사 활동에 대한 애정도를 높인다.

그래서 더 나은 세상을 만들기 위해서는 시민들의 적극적인 참여가 필요하다. 내 손으로 세상을 조금씩 바꾸는 참여의 경험을 하면, 사람들은 서로 돕고 나누는 협동의 세상을 더 아끼고 사랑하게 된다. 이케아 이펙트에 따르면, 사람들은 자신의 손으로 바꿔 나가는 그 무언가를 훨씬 더 소중하게 생각하는 법이다.

바쁜 나를 위한 한 줄 요약

왜 그는 이케아에 열광할까?

물건을 만드는 일에 직접 참여하면, 사람의 자부심이 높아 지게 마련이다. 그리고 그 자부심은 자신이 만든 물건의 가 치를 높이 평가하게 만든다.

왜 트럼프는
미치광이처럼 행동할까?

치킨 게임

2017년 도널드 트럼프 미국 대통령이 방한했을 때 많은 사람이 고개를 갸웃거렸다. "아니, 생각보다 멀쩡하잖아?" TV나 신문 기사를 통해 그려 본 트럼프의 이미지는 미치광이나 다를 바 없었다. 그런 그가 국회에서 유창하게 연설하고 깍듯한 모습을 보이자 의아했던 것이다. 저렇게 정상 범주에 있으면서 왜 자주 미치광이 같은 발언을 해서 사람들을 놀라게 하는 걸까? 설마 저것도 하나의 전략일까? 트럼프 대통령의 본모습과 '치킨 게임'을 연결하여 생각해 보자.

미국은 왜 두 명의 아웃사이더에게 열광했나?

2016년 미국 대선은 미국 역사상 길이 남을 선거였다. 평소라면 대통령 근처에도 못 갔을 두 명의 아웃사이더가 대선 무대에 등장해 돌풍을 일으켰기 때문이다. 버몬트주의 무소속 상원 의원 버니 샌더스Bernie Sanders 는 대세론을 등에 업은 힐러리 클린턴Hillary Clinton 과 후보 경선을 치르기 위해 민주당에 입당했다. 그런데 사회주의자를 자처하는 이 무명의 정치인은 입당하자마자 각종 여론조사에서 클린턴을 따라잡았다. 일부 여론조사에서는 역전하기도 했다. 샌더스는 결국 아슬아슬한 차이로 클린턴에게 패해 민주당 후보가 되지 못했지만, 자칭 사회주의자의 돌풍은 온 세계를 충격에 빠뜨렸다.

또 한 명의 아웃사이더는 지금의 미국 대통령인 도널드 트럼프Donald Trump 였다. 트럼프는 상원이건 하원이건 국회의원을 한 번도 해 보지 못한 정치 초년병이었다. 게다가 막말을 뱉어 내는 트럼프의 천박한 모습은 대통령과 전혀 어울리지 않았다. 하지만 그는 공화당 경선 초반부터 한 번도 선두를 놓치지 않은 채 후보가 됐고, 본선에서도 힐러리를 꺾고 마침내 대통령 자리에 올랐다.

미국 유권자들은 왜 평소라면 결코 대통령 근처에도 오지 못했을 이 두 명의 아웃사이더에게 열광했을까? 프랑스 사상가 프란츠 파농Frantz Fanon 은 "인간의 정신세계에는 '수직 폭력'과 '수평 폭력'이라는 두 가지 폭력 시스템이 존재한다"고 지적한 바 있다.

수직 폭력이란 말 그대로 '강한 자가 약한 자를 억압하는 폭력'이다. 그런데 파농의 연구에 따르면, 사람들은 수직 폭력을 극심하게 당할수록 수평 폭력 심리에 의존한다. 강한 자에게 얻어터지고 나면, 정작 그 일을 당한 민중들은 그 분노를 자기와 같거나 자기보다 더 약한 자를 두들겨 패면서 풀려고 한다는 뜻이다. 사람들은 착취를 심하게 당할수록 자신보다 더 못살고 힘없는 이들에게 폭력을 휘두른다.

샌더스와 트럼프는 각각 파농의 수직 폭력과 수평 폭력을 정확히 대변하는 존재였다. 샌더스는 "민중이 못사는 이유는 월가(Wall Street) 금융자본이 우리를 착취했기 때문"이라며 수직 폭력에 대항했다. 국민에게 진실을 이야기한 것이다. 국민의 절반은 그에게 열광했다.

반면에 트럼프는 "우리가 못사는 이유는 멕시코 사람들이 우리의 일자리를 빼앗았기 때문이다. 힘을 합쳐 멕시코인을 몰아내자!"라고 선동했다. 자기보다 약한 자에게 폭력을 휘두르고 싶어 하는 사람들의 수평 폭력 심리를 자극한 것이다. 그래서 국민의 절반이 그에게 열광했다. 트럼프는 이 전략으로 마침내 미국 대통령 자리에 올랐다.

트럼프는 왜 미치광이처럼 행동할까?

수평 폭력을 이용해 대통령이 된 트럼프는 당선 이후 경제학 게임이론에 등장하는 '치킨 게임'을 발판으로 자신의 영향력을 확대했다.

트럼프는 대통령이 되자마자 줄곧 미치광이처럼 보이는 전략을 고수했다. 그는 이민자들이 세운 나라인 미국에서 반(反)이민 행정명령에 서명했다. 그리고 멀쩡히 무역을 잘해 오던 독일과 중국, 일본 등 3개 나라를 환율 조작국으로 지정하겠다고 으름장을 놓았다. 한국을 상대로도 한미 FTA를 재협상해야 한다고 억지를 부렸다. 트럼프는 "유럽의 부자 나라인 독일은 환율을 조작해 미국을 착취했고, 아시아의 부자 나라인 한국은 불평등한 무역협정으로 미국을 착취했다"고 주장했다. 상식적으로 이런 주장이 말이 될 리 없다. 세계 유일의 강대국인 미국이 한국과 무역협정을 맺었는데, 그 무역협정이 미국 쪽에 불리할 리가 없기 때문이다. 게다가 힘의 차이가 수백 배에 이르는 미국이 "한국으로부터 착취를 당했다"고 주장하는 것은 코미디에 가깝다.

그래서 트럼프의 이런 주장은 미친 헛소리처럼 들린다. 하지만 트럼프는 미치광이가 아니다. 그의 막무가내 행동은 게임이론에 따르면 계산된 행동일 가능성이 크다. 즉 트럼프는 미치광이가 아니라 미치광이인 척하면서 자국의 이익을 극대화하려는 영리한 전술을 쓰고 있다는 이야기다. 비즈니스맨 출신인 트럼프는 다른 나라와의 관계를 호혜 평등의 관계로 보지 않는다. 근본적으로 이익을 서로 빼앗아야 하는 경쟁 상대로 본다. 그래서 트럼프는 상대를 굴복시켜야 내가 더 많은 이익을 챙길 수 있다고 믿는다.

두 경쟁 상대가 마주쳐서 숙명의 승부를 가리는 상황을 게임 이론에서는 '치킨 게임'이라고 부른다. 치킨 게임은 1960년대 미국의 젊은 남성들이 여성에게 자신이 얼마나 남성다운지를 과시하기 위해 만들어진 게임이다.

A와 B 두 청년이 외길에서 만났다고 하자. 두 철부지는 친구들 앞에서 서로의 용기를 과시하기 위해 치킨 게임을 벌이기로 했다. 게임의 방식은 이렇다. 외길에서 각자 차를 몰고 마주 달린다. 죽음이 두려워 핸들을 먼저 꺾는 쪽이 겁쟁이(치킨)가 된다. 치킨의 치욕을 당하기 싫어 양쪽 모두 가속페달을 밟는다면, 정면충돌해서 목숨을 잃을 수도 있다. 이때 게임에 참가한 A가 마주할 경우의 수는 다음의 네 가지다.

① A에게 최선의 경우: A는 핸들을 꺾지 않았는데, B가 겁을 먹고 핸들을 꺾었을 때다. 이러면 A는 친구들 앞에서 용맹을 과시할 수 있고, 생명도 건질 수 있다.

② A에게 차선의 경우: A도 겁을 먹어 핸들을 꺾고, B도 겁을 먹어 동시에 핸들을 꺾었을 때다. 이러면 둘 다 겁쟁이가 되지만, 그래도 목숨은 건질 수 있다.

③ A에게 나쁘지만 최악은 아닌 경우: B는 핸들을 꺾지 않았는데, A가 겁을 먹고 핸들을 꺾었을 때다. 이러면 A는 친구들 앞에서 망

신을 당한다. 물론 좋은 결과는 아니다. 하지만 A는 최소한 목숨은 건질 수 있다.

④ A에게 최악의 경우: A와 B 모두 핸들을 꺾지 않았을 때다. 이러면 둘은 정면충돌하게 된다. 당연히 둘 다 죽는다. 그래서 막상 치킨 게임을 하면 이런 최악의 경우는 잘 나오지 않는다. 누구든 이 최악의 경우를 피하기 위해 마지막에 핸들을 꺾기 때문이다.

미치광이 전략은 치킨 게임의 최고 전략

경제학에서는 치킨 게임을 할 때 ①의 승리를 얻기 위한 가장 뛰어난 전략으로 '미치광이 전략(madman strategy)'을 꼽는다. 최고의 승리를 얻기 위해서 플레이어는 '나는 죽는 한이 있어도 핸들을 꺾지 않는다'는 사실을 만천하에 알려야 한다. 그리고 이글거리는 눈빛으로 자신이 죽음도 불사하는 미치광이라는 점을 과시해야 한다. 상대가 속아서 핸들을 먼저 꺾으면 미치광이처럼 보였던 이 플레이어는 최고의 승리를 얻는다.

이 게임에서 이기기 위한 최고의 전략은 상대가 보는 앞에서 손을 뒤로 묶어 버리는 것이다. 이런 행동은 상대에게 '자, 봤지? 나는 손을 묶어서 핸들을 꺾고 싶어도 꺾을 수 없어. 죽고 싶으면 정면충돌해 봐!'라고 외치는 효과가 있다. 이 모습을 본 상대가 만약 핸들을 꺾지 않으면 최악의 결과, 즉 목숨을 잃게 된다. 그럴 수는 없으므로 결국 상대는 망신을 무릅쓰고 핸들을 꺾는다. ③의 결과, 즉 게임에서는 패배하지만 목숨을 건지는 방법을 선택하는 것이다.

몇 년 전까지 북한도 국제사회에서 이 전략을 잘 구사했었다. 북한은 핵실험과 미사일 발사 등으로 잇단 도발을 감행하고는 했는데, 이때 한국과 서방세계는 북한을 미치광이 취급했다. 하지만 미국의 유력 일간지 《뉴욕타임스》는 전혀 다른 분석을 내놓았다. 2017년 9월 10일 자로 '북한은 미치기는커녕 너무 이성적(North Korea, Far From Crazy, Is All Too Rational)'이라는 제목의 칼럼을 내놓은 것이다.

《뉴욕타임스》가 이런 평가를 내린 이유는 게임이론에 따른 분석 때문이다. 치킨 게임에 따르면, 북한은 실제로 핵을 사용하기 위해 핵실험을 진행하는 것이 아니다. 만약 북한이 핵을 쏜다면 당연히 상대도 보복 차원에서 핵을 쓰게 된다. 이러면 외길에서 정면으로 충돌해 양쪽 다 죽는 일이 벌어진다. 치킨 게임에서 최악의 결과인 ④가 되는 셈이다.

북한이 이런 상황을 바랄 리가 없다. 그런데도 북한이 미치광이 전략을 구사했던 이유는 '우리를 위협하면 언제라도 핵을 쏠 수 있다'는 '미치광이 기질'을 강조하고 싶어서다. 이러면 대개 상대가 먼저 핸들을 꺾는다. 즉 북한은 진짜 미친 게 아니라 미치광이 전략을 사용함으로써 게임에서 승리하겠다는 매우 이성적인 판단을 했다는 것이 《뉴욕타임스》의 분석이다.

미치광이에겐 미치광이로?

트럼프가 온 세계에 과시하는 광기(狂氣)도 이런 미치광이 전략의 일종이다. 중국이나 독일, 일본, 한국 등 경제 강국 앞에서 '나는 미친놈이야. 그래서 절대로 핸들을 꺾지 않아. 너희를 환율 조작국으로 지정할 거고, 필요하면 군사력도 쓸 거야.'라며 미치광이 기질을 과시한다. 문제는 상대방 국가의 대응이다. 상대 국가가 트럼프의 이런 행동에 겁먹고 핸들을 꺾는다면, 트럼프는 최상의 결과인 ①을 손에 얻는다. 반대로 상대 국가는 게임에서 지지만 죽음은 피할 수 있는 결과, 즉 ③을 얻는다.

하지만 이는 상대국으로서 현명한 결정이 아니다. 트럼프는 미치광이처럼 보이려는 전략을 쓸 뿐이지 진짜 미치광이가 아니다. 중국과 무역 분쟁을 하다가 마음에 들지 않는다고 정말로 중국을 향해 무력을 사용할 리가 없다. 전쟁이 나면 피차 파국인데 트럼프는 그걸 모를 정도로 바보가 아니다.

이 때문에 상대 국가들이 트럼프의 전략에 겁먹어서는 안 된다는 지적이 나온다. '그래? 그렇게 나왔단 말이지? 우리도 가만있지 않겠어. 우리도 핸들 안 꺾는다!'라는 패기를 일단 보여 줘야 한다는 것이 게임이론 전문가들의 주장이다.

그렇게 서로 마주 달리다 보면 트럼프도 충돌 직전에 핸들을 꺾을 수밖에 없다. 물론 충돌 직전에 상대 국가도 핸들을 꺾긴 해야 한다. 이렇게 하면 '④ 최악(충돌)'이 아니라 '② 차선(둘 다 망신

당하고 목숨을 건짐)'을 얻을 수 있다.

상대의 미치광이 전략에 넘어가지 않기 위해서는 우리 또한 미치광이가 될 각오를 하고 함께 충돌을 향해 돌진해야 한다. 그리고 핸들을 꺾어야 한다면 최후의 순간에 꺾으면 된다. 그러다 보면 상대가 먼저 핸들을 꺾을 수도 있다. 마지막 순간에 우리가 핸들을 꺾더라도 최소한 상대도 나와 동시에 꺾을 수 있다. 어떤 경우도 내가 먼저 핸들을 자발적으로 꺾는 것보다는 나은 결과다.

트럼프가 미치광이처럼 보이려고 노력하는 이유는 이런 것이다. 치킨 게임에 등장한 이 희대의 전략가에게 국제사회가 어떻게 대응할지 관심이 쏠리는 이유가 여기에 있다.

바쁜 나를 위한 한 줄 요약

왜 트럼프는 미치광이처럼 행동할까?

'나는 미친놈이야. 같이 죽고 싶지 않으면 날 피해!' 이런 전술이다. '눈에는 눈, 이에는 이'라고, 미치광이에게 맞서려면 미치광이가 되는 수밖에 없을 테다.

왜 사장님은
풍수지리에 속았을까?

사후 확증 편향

자꾸 연애가 결혼으로 이어지지 않아서 불안한 A 양. 고민 끝에 점집에 갔더니, 점쟁이가 이렇게 말했다. "올해 제일 결혼 운이 강하다." 하지만 몇 달이 지나도 남자친구는커녕 '썸'도 없었다. 화가 나 점쟁이를 찾아갔더니 "그건 네가 그 어느 때보다 결혼을 하고 싶어 한다는 말이었다."라고 했단다. 미신에 의지해 희망을 가져 보려 했던 경험, 누구나 한 번쯤 있을 것이다. 왜 우리는 이런 말도 안 되는 일에 돈을 쓸까? 이를 '사후 확증 편향'과 연결 지어 생각해 볼 수 있다.

삼성증권이 망하지 않은 이유?

한강에는 섬이 많다. 노들섬이나 밤섬처럼 강 내부에 있는 섬을 '하중도(河中島)'라고 부른다. 지금은 도무지 섬이라는 생각이 들지 않지만, 사실 서울 여의도는 한강의 하중도다. 원래 섬이었는데 워낙 다리가 잘 놓여 육지처럼 느껴질 뿐이다.

여의도에는 섬의 중심인 여의도공원을 기준으로 북서쪽에는 정치의 중심지인 국회의사당이 있고, 남동쪽에는 금융의 본산인 한국거래소(주식 거래를 총괄하는 기관)가 자리 잡고 있다. KBS와 MBC 등 초대형 방송국도 여의도에 있거나 한때 여의도 시대를 거쳤다. 단일 교단으로는 국내에서 가장 큰 교회라는 여의도순복음교회도 이곳에 있다. 고작 8.4km² 정도의 작은 섬에 한국의 정치, 경제, 종교의 핵심이 다 모인 셈이다. 특히 '동(東)여의도'로 불리는 여의도공원 남동쪽은 '한국의 월 스트리트(Wall Street)'라고 불러도 손색이 없는 금융 중심지다. 한국거래소뿐만 아니라 대부분 증권사의 본사가 이곳에 위치한다.

그런데 재미있는 사실이 하나 있다. 많은 증권사의 본사가 여의도에 있는데, 최대 증권사 가운데 하나인 삼성증권의 본사는 여의도에 없다는 것이다. 삼성그룹은 증권사를 인수한 이후 본사를 단 한 번도 여의도에 둔 적이 없다. 그 이유가 풍수지리 때문이라는 소문이 자자했다. 많은 풍수지리학자가 "여의도는 유난히 강바람이 세서 방송국이나 교회처럼 기가 센 곳은 몰라도, 증권사처럼 기가 약한 회사들은 견딜 수가 없다"고 주장했다.

실제로 한국의 월 스트리트인 동여의도 지역은 수많은 증권사가 명멸을 거듭한 비운의 땅이기도 하다. 공기업이던 대한투자신탁은 강바람이 가장 거센 여의도공원 근처에 본사를 둔 탓(?)에 경영 악화로 민영화의 길을 걸었다. LG증권, 고려증권, 쌍용증권 등 내로라하는 증권사들도 몰락했다. 이 모든 것이 거센 강바람 탓이었다는 게 풍수지리 전문가들의 설명이다. 강바람을 피해 본사를 여의도 밖에 둔 삼성증권은 한 번도 망한 적이 없다. 그래서인지 그동안 삼성증권은 더더욱 풍수지리에 신경 쓰는 모습을 보였다.

과거 삼성증권 본사였던 종로타워는 재미있는 모양을 하고 있다. 밖에서 보면 건물의 상층부가 뻥 뚫린 모습이다. 그 땅에 재앙의 기운이 워낙 강해 이 기운을 빼내기 위해 삼성이 설계 당시부터 건물에 구멍을 뚫었다는 소문이 파다했다.

풍수지리와 텍사스 명사수의 오류

여기까지 이야기를 들으면 '기업 경영에 진짜로 풍수지리가 영향을 미치나?'라는 궁금증이 생긴다. 하지만 그럴 리 없다. 국가 경제에 막대한 영향을 미치는 대기업의 운명이 고작 풍수지리에 따라 결정된다면, 세상에서 경영만큼이나 쉬운 일은 없을 것이다. 노력할 필요도 없이 그저 묘지나 땅의 길흉을 판단하는 지관의 말만 잘 들으면 될 일이다.

이런 오류를 빗대는 말로 '텍사스 명사수의 오류'라는 용어가 있다. 전하는 이야기에 따르면, 미국 텍사스에 사는 한 카우보이가 백발백중의 사격 솜씨를 자랑했다고 한다. 그는 주로 자신의 사격 솜씨를 과시하기 위해 벽에다 총을 쐈는데, 그 총알 자국이 모두 동그란 과녁 중앙에 모여 있었다. 얼마나 사격 솜씨가 뛰어났으면 쏘는 족족 과녁 중앙에 맞았을까?

그런데 어느 날, 이 텍사스 명사수의 비밀이 밝혀졌다. 동네 주민이 우연히 명사수의 사격 장면을 훔쳐본 것이다. 그랬더니 이 카우보이가 하는 행동이, 일단 벽에 총을 한 발 갈기더란다. 그리고 총알이 벽 어디쯤 박히면, 카우보이는 쪼르르 벽으로 뛰어가서 그 총알이 박힌 곳에 동그란 과녁을 그렸다. 이러니 백발백중일 수밖에 없었다. 과녁을 그린 뒤 총을 쏘는 게 아니라, 총을 먼저 쏘고 과녁을 그리는데 어떻게 안 맞을 수가 있나? 이 카우보이는 명사수가 아니라 그냥 사기꾼이었다.

텍사스 명사수의 행동은 그냥 소소한 사기지만, 이게 행동경제학으로 넘어오면 심각한 오류가 된다. 실제로 많은 경영자가 이런 오류에서 벗어나지 못한다. 원인과 결과를 논리적으로 해석하는 것이 아니라, 결과를 보고 이유를 끼워 맞춰 해석하는 식이다. 그리고 나중에 갖다 붙인 성공의 이유를 진리라고 믿어 버린다.

삼성증권의 사례가 바로 그렇다. 삼성증권이 망하지 않은 이유는 절대로 여의도 강바람을 잘 피해서가 아니다. 어쩌다 보니

(다른 일을 잘했겠지!) 안 망했을 뿐이다. 그런데 삼성증권은 물론이고, 다른 여의도 증권사 사람들도 사후에 엉뚱한 이유를 갖다 붙여 그 사실을 해석한다. "역시 삼성증권이 선견지명이 있어. 풍수지리를 따르는 지혜가 있잖아?"라는 식으로 말이다.

그러다 보니 최첨단 금융 기법으로 무장해야 할 증권사들이 풍수지리를 연구하는 코미디가 벌어진다. 모 금융 그룹의 총수는 2000년대 본사를 여의도로 옮길 때 강바람이 가장 안 미치는 으슥한 곳을 본사 터로 정했다고 한다. 여의도에 본사를 두기는 둬야겠는데, 삼성증권 사례를 보니 아무래도 강바람이 무서웠던 것이다.

몇 년 뒤 실적이 나빠지자 그는 끝내 본사를 서울 사대문 안으로 옮겼다. 그랬더니 회사 실적이 다시 좋아졌다. 그래서 이 회사 총수는 아직도 풍수지리를 철석같이 믿는다는 웃지 못할 이야기가 지금도 증권가에 떠돈다.

사장님이 왜 미신을 믿을까

이런 오류는 특히 최고 경영자(CEO)에게서 많이 나타난다. 제대로 된 경영을 하기 위해서는 성공과 실패의 원인을 냉철하고 정확하게 분석해야 한다. 하지만 많은 경영자가 사후에 이유를 끼워 맞춘다.

예를 들어 어떤 사장님이 공장에서 쓸 새 기계를 들여왔는데, 놓을 자리가 마땅치 않다고 해 보자. 그래서 어쩔 수 없이 그 사장님은 기존 기계를 재배치해서 공간을 만들고 그곳에 새 기계를 들였다. 이건 무슨 대단한 결정이 아니다. 아주 간단한 결정일 뿐이다. 그런데 기계를 재배치했더니 우연히 회사의 실적이 좋아졌다. 정상적인 사람이라면 실적이 좋아진 다른 원인을 찾아야 한다. 그런데 이 사장님이 텍사스 명사수의 오류에 빠진다면 이런 일이 벌어진다.

우선 사장님은 동네방네 자랑을 하고 다닌다. "내가 공장 모습을 보고 기계 배치가 너무 비효율적이라고 생각했어. 요즘 공간 공학을 공부했거든! (사실 공부한 적 없음) 공간의 배치가 경영에 미치는 효율성을 한 3년간 연구한 끝에 공장 재배치를 결정한 거지. 그랬더니 경영 효율성이 높아져서 실적이 20%나 좋아졌지 뭐야!"

이것이 자랑에서 그치면 좋은데, 자기최면과 자기 과장의 길로 들어서면 곤란하다. 이 사장님이 갑자기 "공장 말고 사무실 배치도 전부 바꿔! 이 책상은 저기 놓고, 저 컴퓨터는 이리로 옮기고, 다 바꿔!"라고 명령한다. 직원들은 일해야 할 시간에 책상을 옮기고 다닌다. 그렇게 멀쩡한 사무실을 다 뒤집어 놓고 사장님이 흐뭇한 표정을 짓는다. 이렇게 하면 정말 실적이 좋아질까? 그럴 리 없다. 이러면 사장님은 "다시 공간 배치를 바꿔. 문제는 프린터 위치야. 프린터를 컴퓨터 위에 올려놨어야지!"라고 난장을 친다.

우연히 생긴 성공의 경험이 경영자들에게 잘못 각인되면 이런 황당한 일이 벌어진다. 텍사스 명사수의 오류에 빠지지 않기 위해서 경영자는 성공을 하더라도 그 원인을 냉정히 분석해야 한다. 경제학자 대니얼 카너먼은 이런 오류를 피하기 위해 경영자에게 이런 질문을 스스로 자주 던지라고 권한다.

- · 내 결정이 과거 비슷한 성공 사례에 몰입되어 있나?
- · 다른 대안은 생각해 봤나?
- · 새로운 CEO가 부임해도 같은 의사 결정을 할까?
- · 지나치게 낙관적이지는 않은가?
- · 신중하게 결정했나?

사후 확증 편향과 후견지명

텍사스 명사수의 오류와 비슷한 용어가 '사후 확증 편향'이다. 사후 확증 편향은 사후 예측 편향, 혹은 사후 판단 편향이라고도 부른다. 일이 벌어지기 전에 예측하는 것이 아니라, 일이 벌어진 다음에(사후에) 결과를 보고 이유를 끼워 맞추는 행동을 말한다.

대형 사고가 터지면 언론은 꼭 "이미 몇 달 전부터 사고의 징후가 여러 곳에서 발견됐다. 이는 결국 예고된 인재(人災)다."라고 떠든다. 그런데 사실 이는 매우 무책임한 보도다. 예고된 인재였으면 미리 경고하는 것이 언론의 역할이기 때문이다. 몇 달 전 사고의 징후가 발견됐을 때는 입을 꾹 닫고 있다가, 사고가 터진 뒤에야 "예고된 인재인데 너희는 왜 몰랐어? 이 멍청아!"라고 말하면 앞뒤가 맞지 않는다.

실제로 많은 사람이 사고가 터진 뒤 "나는 그럴 줄 알았다"고 주장한다. 하지만 이 사람의 과거 발언을 아무리 살펴봐도 그는 사고를 예견한 적이 없다. 그래서 누군가가 "내 그럴 줄 알았다"고 거만을 떨면 꼭 확인해 봐야 한다. "언제 그럴 줄 알았는데? 증거는 있어?"라고 말이다. 그렇게 확인해 보면 "그럴 줄 알았다"는 말이 얼마나 허망한 거짓말인지 금방 드러난다.

그래서 사후 확증 편향을 '후견지명(後見之明)'이라고 비웃기도 한다. 모름지기 사람은 '선견지명(先見之明)', 즉 미리 앞을 내다보는 능력이 있어야 대단한 법이다. 일이 터지고 난 뒤 "내 그럴 줄 알았다"고 말하는 것은 비웃음을 살 뿐이다. 올바른 판단을 하려면 텍사스 명사수의 오류, 사후 확증 편향에서 벗어나야 하는 이유가 여기에 있다.

바쁜 나를 위한 한 줄 요약

왜 사장님은 풍수지리에 속았을까?

당연한 말이지만 점은 믿을 것이 못 된다! 일이 벌어지기 전에 예측하는 것이 아니라, 일이 벌어진 다음에 결과를 보고 이유를 끼워 맞추는 것이 대부분이기 때문이다.

그 사람,
왜 명품에 집착할까?

스놉 효과와
베블런 효과

맘에 드는 이성이 있다. 더 멋진 모습을 보여 주고 싶은데 방법을 모르겠다. 일단 좀 '있어 보여야' 하니, 백화점에 가서 나를 꾸며 보기로 한다. 우선 요즘 유행하는 아이템을 하나 사고, 옷과 구두에도 신경 써서 다른 이들과 나는 다르다는 것을 과시해야겠다. 그러고 나니 거울에 비친 내 모습이 만족스러워 보였다. 이제 고백하려는 순간, 그 친구가 나에게 먼저 말한다. "오늘 너 이상하다. 난 원래 너의 수수한 모습이 좋았는데…." 아, 나는 왜 잘못된 선택을 했을까?

파리에서 나를 돋보이게 하는 방법

한창 젊은 날에는 외모에 신경을 안 쓸 수가 없다. 물론 애초에 박보검이나 김태희처럼 태어났다면 걱정할 바가 무엇이랴? 하지만 모두가 그렇게 태어나지 않았으니, 사람들은 자신의 외모를 돋보이게 하려고 노력한다.

그런데 뜻밖에도(!) 행동경제학에서는 사람의 외모를 돋보이게 하는 경제학적 방법이 있다고 가르친다. 저명한 행동경제학자 댄 애리얼리 듀크대 경제학과 교수의 실험을 잠시 따라가 보자. 50대의 나이로 왕성한 활동을 펼치고 있는 애리얼리는 심리학과 경제학을 접목시킨 행동경제학 분야에서 최근 가장 주목받는 경제학자 가운데 한 명이다.

애리얼리는 실험에 참가한 여성들에게 미남 두 명의 사진을 보여 준 뒤 누가 더 잘생겼는지 물었다. 두 사진의 주인공이 박보검과 송중기라고 가정하자. 박보검과 송중기라. 이건 누가 봐도 팽팽한 빅 매치다. 예상대로 실험에 참가한 여성들의 투표는 정확히 50 대 50으로 반분됐다. 우열을 가리기 힘든 외모인 만큼 이런 투표 결과는 매우 합리적인 것으로 보인다.

1차 실험을 마친 뒤 애리얼리는 사진을 하나 추가했다. 새로 추가된 이 사진은 박보검의 사진을 포토샵으로 조작한 것이었다. 즉 박보검 사진에 '뽀샵질'을 해서 코를 비틀고 눈을 찌그러뜨려 '못생긴 박보검'을 만들었다. 1차 실험에 참가한 사람들에게 애리얼리는 세 장의 사진(① 박보검, ② 송중기, ③ 못생긴 박보검)을 보여주었다. 그리고 1차 실험 때와 마찬가지로 "누가 제일 잘생겼나?"를 물었다.

상식적으로 생각하면 1차 실험 때(박보검 50 대 송중기 50)의 결과가 그대로 나와야 한다. '못생긴 박보검'이 표를 얻을 확률은 없기 때문이다. 그런데 투표를 마치자 놀라운 결과가 나왔다. 당연히 못생긴 박보검은 한 표도 얻지 못했다. 하지만 50 대 50으로 갈렸던 1차 투표 결과가 갑자기 '박보검 75 대 송중기 25'로, 압도적인 박보검의 승리로 뒤바뀌었다.

왜 이런 현상이 벌어졌을까? 애리얼리는 이를 '미끼 효과(de-coy effect)'라는 경제 이론으로 설명한다. 미끼 효과란 사람이 어떤 사물을 평가할 때 비교 대상, 즉 미끼가 있으면 그 미끼를 보고 원본에 대한 평가를 달리하는 경향이 있다는 이론이다.

박보검과 송중기 둘의 사진만 있을 때 사람들은 객관적으로 평가하지만, 여기에 '못생긴 박보검'이 끼어들면 사람들은 '못생긴 박보검'이라는 미끼를 덥석 물어 버린다. 그리고 '진짜 박보검'을 '못생긴 박보검'과 자연스럽게 비교하게 된다. 당연히 진짜 박보검은 못생긴 박보검에 비해 압도적으로 잘생겼다. 그래서 1차 실험 때보다 훨씬 더 많은 숫자가 박보검을 송중기보다 잘생겼다고 생각한다.

이런 현상은 일상생활에서도 숱하게 겪는다. 똑같은 크기의 동그라미가 있다. 그런데 이 동그라미가 작은 동그라미 밖에 그려져 있으면 매우 커 보인다. 반면에 그 동그라미가 큰 동그라미 안에 그려져 있으면 실제보다 훨씬 작아 보인다. 사람들이 동그라미의 크기를 판단할 때 객관적으로 보는 것이 아니라, 동그라미의 주위를 둘러싼 미끼 동그라미와 비교해서 평가하는 경향이 있다는 이야기다.

미끼 효과는 외모에 관심이 큰 젊은이에게 매우 좋은 팁이 될 수 있다. 파티를 가거나 미팅을 할 때 내 외모를 돋보이게 하는 비법이 숨겨져 있기 때문이다. '나보다 못생긴 사람을 데리고 가면 내가 돋보이겠지?'라고 단순히 생각하면 안 된다. 미끼 효과에 따르면 가장 효과가 큰 방법은 '나하고 닮았는데 나보다 못생긴 사람'을 미끼로 데리고 가는 것이다. 얼굴형도 비슷하고, 키도 비슷하고, 옷도 비슷하게 입었는데 나보다 확실히 못난 사람을 옆에 두면, 상대는 나의 외모를 옆의 미끼와 비교하게 된다. 그리고 실제보다 나의 외모를 더 높게 평가한다. 당장 다음 주에 미팅이나 파티가 있다면, 묘하게 닮았는데 나보다 못생긴 사람을 지금부터 열심히 찾아다닐 일이다.

왜 사람들은 명품에 집착할까?

미끼 효과는 사람들이 왜 실제 가치에 비해 터무니없이 비싼 명품에 집착하는지 설명하는 데 매우 유용하게 사용된다. 경제학에서는 명품에 집착하는 소비를 '과시성 소비'라고 부른다. 그리고 과시성 소비를 유발하는 제품이나 서비스를 '지위재(positional goods)'라고 한다. 사람들이 자신의 지위를 더 돋보이게 하기 위해 이런 재화를 소비한다는 의미에서다. 예를 들면 필요 이상으로 큰 집, 큰 차, 비싼 명품 시계와 가방, 누가 봐도 어마어마하게 화려한 결혼식 등이 지위재에 해당한다.

가방은 물건을 잘 담으면 되고, 시계는 시간 맞춰 잘 가면 된다. 그런데 명품 브랜드숍에서는 가방 하나에 1,000만 원이 기본이고, 고급 시계 가격은 1억 원을 훌쩍 넘는다. 이건 너무 과하다. 그런데도 수많은 부자가 이런 지위재를 거침없이 소비한다. 이유가 무엇일까?

부자에게는 남보다 자기가 더 나아 보이고 싶은 욕구가 있다. 특히 주변에 꽤 잘사는 사람들이 있을 때, 부자는 자신이 그들보다 훨씬 더 잘사는 사람임을 과시하고 싶어 한다. 미끼(친구나 동료)보다 더 잘사는 것처럼 보일 때, 자신의 부(富)가 훨씬 잘 과시된다고 여기는 것이다. 만약 주변 사람들이 전부 1,000만 원짜리 가방을 들고 다닌다면, 처음에 1,000만 원짜리 가방을 산 부자는 전혀 행복하지 않다. 자기나 미끼나 비슷해 보이니까! 그래서 이 부자는 1,000만 원짜리 가방을 버리고 5,000만 원짜리 가방을 거리낌 없이 구입한다.

경제학에서는 이런 명품 소비 현상을 '스놉 효과(snob effect)'

와 '베블런 효과(Veblen effect)'라는 이론으로도 분석한다. 스놉 효과에서 '스놉(snob)'은 '속물'이라는 뜻이다. 인간에게는 남들이 갖고 있지 않은 자신만의 물건을 소유하고픈 속물 욕구가 있다. 마침 쇼핑몰에서 마음에 꼭 드는 옷을 발견했다고 가정하자. 그런데 그 옷을 나뿐만 아니라 옆집 철수도, 앞집 영이도 살 수 있다면 '남들과 다른 나'를 만들고자 하는 속물근성이 충족되지 않는다.

이런 이들이 찾게 되는 것이 아무나 살 수 없는 비싼 명품 옷이다. 명품 브랜드 대부분이 제품의 성능에 비해 터무니없이 비싼 가격을 책정한 이유가 여기에 있다. 명품 회사들은 가방에 수백만 원짜리 가격표를 붙여 놓고 고객을 이렇게 유혹한다.

"이 가방을 사세요. 이 가방은 너무 비싸서 오직 당신만이 들고 다닐 수 있습니다!"

베블런 효과는 미국 경제학자 소스타인 베블런^{Thorstein Veblen}의 이름을 딴 이론이다. 베블런은 한 사회에 사는 사람을 분석해 보면, 반드시 아무 일도 안 하고 놀고먹는 '금수저' 계급이 존재한다고 분석한다. 그는 이런 금수저를 '유한계급(有閑階級)'이라고 부른다. 유한계급이란 '한계가 있는 계급'이란 뜻이 아니고, 매우 '한가(閑暇)한 계급'이라는 뜻이다. 영어로는 '레저 클래스(leisure class)'라고 부르는데, 한마디로 매일 레저만 즐기며 놀고먹는 사람들을 뜻한다.

문제는 부모님 잘 만나 평생을 놀고먹는 이 유한계급이 매일 열심히 일해야만 먹고사는 노동자 계급과 뭔가 달라 보이고 싶어 안달한다는 점이다. 만약 금수저가 노동자와 똑같은 티셔츠를 입고 다니면 티가 안 날 것 아닌가? 그래서 이 유한계급은 노동자가 도저히 살 수 없는 비싼 가격의 제품과 장신구를 걸치고 다닌다. 베블런 효과 역시 부자의 명품 소비를, 남들과 다르게 보이고 싶어 하는 유한계급의 본성에서 찾는다.

합리적으로 생각하면 진실이 보인다

미끼 효과와 스놉 효과, 그리고 베블런 효과가 무엇인지 모두 이해했다면 이제 달리 생각해 볼 때가 됐다. 왜냐하면 이 세 이론 모두 경제학에서는 '비합리적인 선택'의 결과로 보기 때문이다.

예를 들어 처음에 박보검·송중기 사진 가운데 송중기를 골랐다가, 박보검·송중기·못생긴 박보검 사이에서 박보검으로 갈아탄 사람들의 선택은 매우 비합리적이다. 사실 그들의 원래 취향은 송중기였기 때문이다. 아무 미끼가 없었다면 분명히 송중기를 더 좋아했을 이 여성은 갑자기 끼어든 '못생긴 박보검'의 미끼를 무는 바람에, 본래 취향인 송중기를 포기하고 박보검을 선호한다. 한마디로 속은 셈이다.

스놉 효과와 베블런 효과도 인간의 비합리성을 보여 주기는 마찬가지다. 사실 남들과 달라 보이고 싶다는 과시욕만 절제할 수 있다면, 1억 원짜리 시계와 1,000만 원짜리 가방 같은 지위재를 사는 것은 그야말로 한심한 소비 행태다. 가방은 가방일 뿐, 1,000만 원짜리 가방에서 레이저 빔이 발사되는 것은 아니다. 또 1억 원짜리 시계라고 아이언맨으로 변신하지도 않는다.

물론 비싼 가방이 더 튼튼할 것이고, 비싼 시계가 더 정확할 수 있다. 하지만 그 튼튼함과 정확함의 가치가 1,000만 원이나 1억 원이라고 주장하는 것은 전혀 합리적이지 않다. 남들보다 나아 보이겠다는 허영심과 과시욕만 제거하면, 그 돈을 절약해 다른 곳에서 훨씬 유용한 소비를 할 수 있다. 하지만 사람은 그렇게 현명하고 합리적이지 않다. 결국 과시욕이라는 함정에 넘어가 돈을 낭비한다.

남들보다 나은 외모를 갖고 싶은가? '나를 닮았지만 나보다 못생긴 친구'를 옆에 두는 것은 사실 본질적인 해결책이 못 된다. 미끼 효과를 이용해 당장은 상대를 속일 수 있을지 몰라도, 언젠가 나는 상대방과 홀로 만나야 하기 때문이다. 가장 바람직한 방법은 미끼를 데리고 다니기보다 본질적인 나의 외모를 바꾸려고 노력하는 것이다. 다이어트와 적절한 운동으로 건강미를 가꾸는 것이 백번 더 낫다는 이야기다.

또 남들과 다른 사람으로 보이고 싶다면 책을 많이 읽고 교양을 넓히는 편이 더 바람직하다. 명품 가방과 시계는 당장 자신을 돋보이게 할지 몰라도, 시간이 지날수록 그 사람을 돈만 많고 속은 텅 빈 바보로 만들 테다. 합리적으로 생각하면 진실이 보인다.

미끼에 속지 말고, 과시욕을 절제하자. 우리는 훨씬 더 합리적으로 소비하면서 살아갈 수 있다.

바쁜 나를 위한 한 줄 요약

그 사람, 왜 명품에 집착할까?

합리적인 소비와 거리가 멀어 보이는 명품 소비를 하는 이유는, 남보다 더 나아 보이고 싶은 과시 욕구 때문이다. 아무 일도 안 하고 놀고먹는 '금수저'들은 엄청나게 비싼 물건을 사는 것으로 노동자 계급과 차별을 두고 싶어 한다.

왜 많이 아는 선생님이
잘 못 가르칠까?

지식의 저주

대학 새내기들이 모인 강의실. 학생들은 왠지 넋이 나간 표정이다. 교수님의 수업이 영 어려운 모양이다. 혼란스러운 와중에 교수님의 이 한마디가 새내기들을 포기하게 만들었다. "자, 이건 이미 다 알고 있는 내용이니까 넘어가도록 하죠." 교수님이 생각하는 기본 지식과 학생들의 그것은 현저한 차이가 있다. 새내기들에게 하고 싶은 말이 있다. 대학이란 원래 그런 것이려니 생각하고 너무 절망하지 말기를! '지식의 저주'는 바로 이런 상황을 설명해 준다.

스타 출신은 좋은 지도자가 되지 못한다?

러시아 출신의 알렉산드르 카렐린^{Aleksandr A. Karelin}이라는 레슬링 선수가 있었다. 카렐린은 1988년 서울올림픽에서 그레코로만형 레슬링 슈퍼헤비급 챔피언에 오른 뒤 1992년 바르셀로나올림픽과 1996년 애틀랜타올림픽에서 연거푸 금메달을 땄다. 2000년 시드니올림픽에서는 결승전에서 패해 은메달에 그쳤는데, 이는 1987년 이후 무려 13년 만에 그가 기록한 패배였다. 카렐린의 통산 전적이 887승 2패(오타 아님!)였으니, 그가 얼마나 강한 선수였는지 충분히 짐작이 가능하다.

무적의 카렐린을 상징하는 여러 일화가 있다. 애틀랜타올림픽 결승전에서 그에게 패한 미국의 맷 가파리^{Matt Ghaffari} 선수는 "카렐린을 이기기 위해서는 고릴라에게 레슬링을 가르쳐야 한다"고 한탄했다. 레슬링계에서는 '카렐린은 호모사피엔스가 아니라 네안데르탈인의 후손'이라는 소문도 돌았다. 바르셀로나올림픽에서는 카렐린이 째려보자 겁을 먹은 상대 선수가 기권을 하는 일까지 벌어졌다.

기자들이 "지금까지 가장 어려운 상대가 누구였나?"라고 묻자 카렐린은 "우리 집 냉장고"라고 답했다. 새로 주문한 대형 냉장고가 집 앞에 도착했는데, 카렐린이 그것을 직접 등에 지고 5층까지 옮겼다는 것이다. 냉장고가 카렐린 인생에서 제일 힘든 상대였다니, 인간은 역시 그의 상대가 될 수 없는 모양이다.

은퇴 이후 카렐린이 후배들 앞에서 직접 기술을 시연한 적이 있었다. 경의에 찬 눈빛으로 자신을 바라보는 후배 레슬러들 앞에서 카렐린은 이렇게 이야기했다.

"상대의 방어 자세가 견고해도 당황할 필요가 없어요. (직접 시범을 보여 주면서) 이렇게 상대의 허리를 잡고 번쩍 들어 올리면 됩니다. 이런 식으로요. (으짜~!) 그다음에 이처럼 (파트너가 휙 뒤집어짐) 가볍게 뒤집으면 되는 겁니다."

"......"

카렐린이 가볍게 뒤집으라고 말한 파트너는 130kg이 넘는 거구였다. 후배들은 '저걸 어떻게 가볍게 뒤집으라는 거지?'라는 황당한 표정이었지만, 그의 얼굴은 '이게 어려워? 그냥 들어서 뒤집으면 되잖아.'라는 표정이었다.

스포츠계에서는 '스타 출신은 좋은 지도자가 되지 못한다'는 속설이 있다. 스타 출신은 자신이 지도하는 선수들이 저 쉬운 일을 왜 못 하는지 이해하지 못한다. 왜냐고? 자기는 너무 쉽게 했으니까! 게다가 대부분의 스타 출신은 2군이나 후보 선수의 설움을 잘 모른다.

그래서 이런 사람이 감독이 되면 팀을 전체적으로 잘 이끌지 못한다. 지금은 국회의원을 하고 있어서 다행이지, 만약 카렐린이 러시아 국가 대표 팀 레슬링 감독이 됐다고 생각해 보라. 감독은 선수들을 늘 이런 식으로 가르치게 될지도 모르겠다.

"야, 그걸 왜 못 넘겨? 그냥 휙 넘기면 되잖아!"

이렇게 질타하면 그 팀이 제대로 발전할 리 만무하다.

많이 알수록 설명을 못한다

행동경제학에는 '지식의 저주(The curse of knowledge)'라는 개념이 있다. 지식이 많은 사람일수록 '상대방도 이 정도의 지식은 있을 것'이라는 고정관념이 강해서 충분히 설명하지 못한다는 뜻이다. 이런 이유로 아무리 똑똑한 사람이라도 그 지식을 제대로 전달하는 데는 어려움을 겪는다.

기존 경제학은 정보를 많이 가진 사람일수록 훨씬 정확히 판단하고 합리적으로 행동한다고 주장했다. 이런 주장을 기반으로 성장한 학문이 바로 '정보경제학'이다. 우리가 뒤에 살펴볼 신호 이론(227쪽 참고)이 대표적인 정보경제학 이론이다.

그런데 미국의 행동경제학자 콜린 캐머러Colin F. Camerer는 1989년에 발표한 「경제적 상황에서의 지식의 저주: 실험 해석(The Curse of Knowledge in Economic Settings: An Experimental Analysis)」이라는 논문에서 이런 고정관념을 반박했다. 캐머러에 따르면, 정보를 많이 갖고 있다고 해서 현명한 선택을 내리지 않는다. 오히려 해박한 지식이라는 덫에 걸려서 엉뚱한 선택을 하는 일이 비일비재하다.

예를 들면 이렇다. 미국에서는 배급사가 영화를 본격 상영하기에 앞서 전문가들에게 먼저 영화를 보여 준다. 그리고 "이 영화가 얼마나 잘 팔릴까요?"라고 물어본다. 만약 전문가들로부터 높은 평가를 받으면 A 등급 영화관에서 상영할 기회를 얻고, 영화표 가격도 비싸게 책정한다. 반면에 전문가들로부터 "이 영화는 틀렸어요."라는 박한 평가를 받으면 영화 등급이 C로 떨어지고 영화표 가격도 할인된다.

문제는 전문가들의 평가가 대부분 틀린다는 점에 있다. 전문가들이 '잘 팔릴 것'이라고 예상한 A 등급 영화는 관객으로부터 외면을 받기 일쑤다. 괜히 영화표 가격만 높게 책정하는 바람에 배급사만 큰 손실을 입는 경우가 많다. 그러나 전문가들로부터 나쁜 평가를 받은 C 등급 영화 가운데 빅 히트 작품이 상당수 나온다. 이렇게 잘 팔릴 줄 알았으면 영화표 가격을 더 높게 받았어도 될 뻔했다!

전문가의 선택은 왜 종종 틀릴까? 캐머러는 "전문가들이 자신의 전문적 식견에 매몰돼 일반 관객의 눈높이를 제대로 고려하지 못했기 때문"이라고 분석했다. 더 많은 지식과 정보를 갖고 있어도, 지식의 덫에 걸려 선택에서 실패하는 '지식의 저주'가 발동한 것이다.

지식의 저주는 우리 주변에서도 자주 발견된다. 학교 선생님 가운데 명문대를 나오고 똑똑하다고 알려진 분들이 설명을 잘 못하는 경우가 있다. 그 선생님들은 문제를 해설할 때 엄청 대충 풀어 준다. 왜냐하면 그런 사람들은 '우리 학생들이라면 이 정도 문제는 이미 알고 있을 거야.'라고 착각하기 때문이다. 대중의 눈높이를 이해하지 못하니 설명은 엉망이 된다.

회사에도 그런 상사가 꼭 있다. "너는 왜 아직 엑셀 사용법도 모르니?"라고 야단치는 분 말이다. 저기요, 부장님. 가르쳐 주신 적이 없으니까 모르죠! 배운 적이 없으니 모르는 게 당연한데, 부장님은 그걸 이해를 못 한다. 이것도 부장님이 지식의 저주에 걸려들었기 때문이다.

노래 박자 맞히기 실험

1990년, 미국 스탠퍼드대에서 지식의 저주를 설명하는 유명한 실험이 실시됐다. 이른바 '노래 박자 맞히기' 실험이다. 이 학교 심리학과 대학원생 엘리자베스 뉴턴Elizabeth Newton은 실험 참가자들을 두 그룹으로 나누고 아주 쉬운 노래를 A 그룹에 알려 줬다. 그리고 노래를 확인한 A 그룹 사람들에게 노래의 박자를 박수로 쳐 보라고 시켰다.

아니, 이럴 것이 아니라 여기서 실험을 직접 한번 해 보자. 지금부터 내가 아주 간단한 노래의 박자를 박수 소리로 적어 보겠다. 글에 적힌 박수 소리를 따라 해 보고 이 노래가 어떤 곡인지 맞혀 보자.

♬

짜악 짝짝 짝짝짝 / 짜악 짝짝 짝짝짝 / 짜악짝 짜악짝 짝짝짝 / 짜악
짝짝 짝짝짝

♪

지금 뭐 하는 짓이냐고? (죄송!) 저 박자를 아무리 소리 내어
읽어 봐도 무슨 노래인지 맞히기 쉽지 않을 것이다. 저 노래는 동
요 〈산토끼〉를 박자로 표시한 것이다. 〈산토끼〉라는 사실을 알고
노래를 속으로 흥얼거리면서 다시 박수를 치면 '아, 그러네. 〈산토
끼〉 맞네.'라고 이해할 테다.

뉴턴은 B 그룹에 박수 소리만 듣고 어떤 노래인지 맞혀 보라
고 지시했다. 예상대로 B 그룹에서는 박수 소리만 듣고 노래를 맞
히는 사람이 거의 없었다. 정답자의 비율은 고작 2.5%였다.

그런데 놀라운 대목이 있다. 이미 노래를 알고 박수를 친 A 그
룹에 "지금 박수 소리를 듣고 B 그룹 멤버들이 답을 맞힐까요?
맞힌다면 얼마나 맞힐 것 같나요?"라고 뉴턴이 물었다. 그랬더니
A 그룹 사람들은 "이렇게 쉬운 걸 왜 못 맞혀요? 최소한 절반은 맞
히겠죠."라고 답했다.

이 엄청난 괴리를 어떻게 설명할 것인가? 이 실험의 핵심은
답을 이미 알고 있는 사람들이 문제를 너무 쉽게 생각했다는 것이
다. 반면에 답을 모르는 사람들은 아무런 실마리도 찾지 못했다.

지식을 가진 사람이, 지식이 없는 사람을 전혀 이해하지 못하는 현상이 벌어지는 이유가 여기에 있다.

지금 필요한 것은 역지사지의 태도!

이준구 서울대 경제학부 명예교수는 원로 학자로서 여러 사회 문제에 대해 쓴소리를 아끼지 않아 후배들로부터 깊은 존경을 받는 경제학자다. 대학 시절 이분의 수업을 들은 적이 있으니, 개인적으로는 은사(恩師)가 되는 분이기도 하다.

대학 시절 수업 시간에 직접 들은 이야기가 있다. 이 교수님은 한때 학생들을 가르치면서 '뭐 이런 멍청한 애들이 서울대를 들어왔나?'라고 생각하며 의아해한 적이 매우 많았다고 한다. 자기가 생각하기에 너무 쉬운 이야기인데, 학생들이 당최 이해를 못 하더라는 것이다. 그래서 한동안 이분은 학생들에게 학점을 매우 짜게 줬다.

그런데 어느 날 그는 생각을 바꿨다. 장성한 자녀들에게 경제학을 가르쳤는데, 똑똑하다고 믿은 자녀들조차 설명을 못 알아듣더란다. 이때 교수님은 '아, 우리 제자들이 멍청한 것이 아니고 원래 어려운 내용이었구나.'라고 깨달으셨다. 그래서 이후 학생들에게 훨씬 쉬운 말로 설명했고, 학점도 매우 후해졌다는 훈훈한 이야기다.

지식의 저주에서 벗어나기 위해 가장 필요한 태도는 '역지사지(易地思之)'다. 내가 상대방 입장에 서 봐야 한다는 것이다. 다른 사람들이 나만큼 알고 있을 것이라고 착각하면 효율적인 대화를 이어 갈 수 없다. 내 말을 못 알아듣는 사람이 있다면, 그건 그 사람이 무식한 것이 아니라 내 설명이 어렵다는 생각을 먼저 해야 한다. 그런 겸손한 태도만이 지식의 저주에서 벗어날 수 있는 길이다.

여담이지만, 이준구 교수님이 생각을 바꾸신 덕에 재정학 수업을 'B'라는 무난한 성적으로 통과했다. 몇 년 전이었으면 C나 D도 어려웠을 형편없는 답안지를 제출했는데도 말이다. 역지사지 만세!

바쁜 나를 위한 한 줄 요약

왜 많이 아는 선생님이 잘 못 가르칠까?

내가 아니까 남들도 다 알 것 같다고 전제를 깔아 버리기 때문이다. 이것이 바로 '지식의 저주'다. 덧붙여서 행동경제학자 콜린 캐머러의 말에 따르면, 인간이 더 많이 알고 있다고 해서 늘 현명한 판단을 내리지는 않는다!

왜 '내가 해 봐서 안다'는 사람이 더 모를까?

작은 수의 법칙

자신의 경험을 일반화해서 남에게 강요하는 사람을 우리는 '꼰대'라고 부른다. '갑' 꼰대에 의하면, 노력은 충분히 가치 있는 일이다. 높은 확률로 보상을 가져다주기 때문이다. 갑 꼰대는 이를 바탕으로 '을' 청년에게 '노오력'하라고 요구한다. '내가 해 봐서 아는데, 너희도 할 수 있어! 아프니까 청춘이지!' 이런 식이다. 하지만 그들과 전혀 다른 세상을 사는 을 청년에게 이는 꼰대의 자기중심적 확률 계산일 뿐이다. '작은 수의 법칙'은 이런 식의 잘못된 확률적 사고를 보여 준다.

이명박 전(前) 대통령과 명텐도 사건

지금은 비리 혐의로 처벌을 받는 신세가 됐지만, 제17대 대통령 이명박은 당시 기업 최고 경영자(CEO) 출신으로 많은 화제를 모은 인물이었다. 이 전 대통령은 현대건설에서 오랫동안 사장과 회장을 두루 지낸 유명한 기업인 출신이다. 그런 그가 사용하는 독특한 어법이 하나 있다. '그거 내가 옛날에 해 봐서 아는데'로 시작하는 문장이 그것이다.

"내가 예전에 데모를 해 봐서 아는데", "내가 예전에 노점상 해 봐서 아는데", "내가 서울 시장을 해 봐서 아는데", "내가 배를 만들어 봐서 아는데", "나도 비정규직이던 때가 있어서 아는데", "내가 비즈니스를 해 봐서 아는데", "나도 환경미화원을 해 봐서 아는데" 등 이 전 대통령은 많은 영역에서 "내가 해 봐서 아는데"라는 말을 사용했다.

많은 경험은 좋은 것이다. 문제는 자기가 겪은 '작은 경험'을 과대평가할 때 발생한다. 특히 이런 실수는 큰 성공을 거둔 사람들에게서 자주 나타난다. 성공한 인물은 과거 한두 차례의 경험을 과신하며, 자기가 모든 것을 다 안다고 착각하는 일이 잦다. 그래서 주변의 조언과 집단 지성의 위력을 무시하고, 그냥 자기 경험에 근거해 제멋대로 판단을 내린다.

너무나 많은 것을 해 봐서 안다고 생각(혹은 착각)한 이 전 대통령이 남긴 오류는 한둘이 아니지만, 대표적인 예를 들자면 이렇다. 2009년 2월, 이 전 대통령은 지식경제부를 방문한 자리에서 갑자기 "우리는 일본처럼 닌텐도 게임기 같은 걸 못 만드나?"라고 말했다. 사실 이런 발언은 지식경제부에서 할 말이 아니라 게임 만드는 회사에서 해야 한다. 지식경제부가 닌텐도 게임을 만드는 회사는 아니기 때문이다.

하지만 대통령은 그 말을 공무원을 앞에 두고 해 버렸다. 최고 통치자의 말을 무엇보다 중요시해야 하는 지식경제부는 무언가를 반드시 해야 하는 위치가 돼 버렸다. 결국 지식경제부는 차세대 게임기 개발을 위한 원천 기술에 투자하겠다며 세금 60억 원을 쓰겠다고 발표했다.

이는 당연히 될 일이 아니었다. 닌텐도는 그냥 수준이 좀 높은 게임기가 아니다. 일본 특유의 오타쿠 문화가 빚어낸 문화 결정체 같은 것이다. 그것을 한국이 단번에 따라잡는다는 것은 애초부터 불가능한 일이다. 하지만 대통령은 '내가 해 봐서 아는데, 열심히 하면 다 되더라'는 잘못된 경험에 사로잡혔다. 그 결과 소중한 국민 혈세가 60억 원이나 낭비됐다. 그 당시 게임 덕후들은 이 사건을 '명텐도(이명박+닌텐도)'라고 부르며 비웃었다. 이후 누리꾼들은 이 사건을 다양한 방법으로 패러디했다.

왜 우리나라에는 구글 같은 세계적 포털 사이트가 없나?
→ 즉시 한국판 구글 '명글' 개발

왜 우리나라에는 코카콜라 같은 세계적인 음료수가 없나?

→ 즉시 명카콜라 개발

왜 우리나라에는 세렝게티 같은 야생 동식물 서식지가 없나?

→ 즉시 명렝게티 개발

위험한 실수 ― 작은 수의 법칙

이 전 대통령의 이런 태도는 경제학에서 가장 위험한 행동으로 꼽히는 작은 수의 법칙(혹은 작은 수의 오류)에 해당한다. '작은 수의 법칙'이란 자기가 겪은 아주 작은 표본을 절대적인 것으로 맹신하는 태도를 말한다.

예를 하나 들어 보자. 암 환자가 어디서 이상한 헛소문을 듣고 소똥을 꾸준히 복용했더니 암이 싹 나았다. 이 사람은 평생 '암 완치에는 소똥이 최고야!'라는 환상에 젖어 살게 된다.

실제로 그럴까? 당연히 그럴 리 없다. 수천 명을 대상으로 임상 시험을 해 보면, 소똥을 먹어 암으로부터 벗어날 확률은 0%에 가깝다. 그런데 아무리 이런 설명을 해 줘도 소똥을 먹고 암이 나은 그 환자는 '암에는 소똥'이라는 믿음을 버리지 않는다.

게임이론 전문가인 경제학자 마틴 오즈번Martin J. Osborne 토론토 대학 교수와 이스라엘을 대표하는 경제학자 아리엘 루빈스타인Ariel Rubinstein 텔아비브대학 교수가 이와 비슷한 실험을 한 적이 있다. 그들은 1,000명의 암 환자에게 기존 치료법과 다른 대체 요법으로 치료를 시도했다. 그 결과 1,000명 가운데 단 10명만 나았다. 확률적으로 따지면 새로운 대체 요법의 성공 확률은 고작 1%에 불과했다. 자연 치료율보다 적은 수치다.

그런데 치료를 받은 10명에게 물어보니 이들은 "새로 개발된 대체 요법이야말로 정말로 암을 정복할 치료 방식"이라고 굳게 믿고 있었다. 그리고 그들은 "다른 환자에게도 즉시 이 대체 요법을 시도해야 한다"고 주장했다. 통계적으로는 형편없는 치료 방식이었지만, 치료받은 사람들은 "내가 그 치료를 받아 봐서 아는데!"를 외치는 새 치료법 신봉자가 되었다.

수학적 통계 ─ 큰 수의 법칙

원래 '작은 수의 법칙'이라는 말은 통계학에서 존재하지 않았다. 애초에 존재한 용어는 '큰 수의 법칙(law of large numbers)'이었다. 큰 수의 법칙이란 시도하는 횟수가 많을수록, 확률은 평균에 가까워진다는 것을 뜻한다. 말이 조금 어려운데 쉽게 풀이하면 이렇다.

우리는 보통 동전을 던질 때 앞면이나 뒷면이 나올 확률은 각각 50%라고 생각한다. 그렇다면 이 말은 동전을 두 번 던졌을 때 반드시 앞면 한 번, 뒷면 한 번 나온다는 뜻일까? 천만의 말씀이다. 실제로 동전을 두 번 던져 보면 '앞면 – 앞면' 혹은 '뒷면 – 뒷면' 식으로 같은 면이 연이어 나오는 경우가 부지기수다. 이러면 사람은 헷갈린다. "아니, 분명히 동전을 던질 때 앞면이 나올 확률은 50% 라면서 왜 두 번 던졌는데 앞면 한 번, 뒷면 한 번씩 나오지 않지? 이럴 거면 동전 던지기의 확률을 50%라고 말하면 안 되는 것 아닌가?"라고 의아해할 법하다.

이는 확률의 의미를 잘 이해하지 못해서 생긴 일이다. 확률이 란 반드시 그런 사건이 벌어진다는 것을 뜻하지 않는다. 사건이 일 어날 가능성을 숫자로 표시한 것이다. 아무리 동전 던지기에서 앞 면이 나올 확률은 50%라고 하더라도, 두 번 동전을 던지면 두 번 전부 뒷면이 나오는 일은 현실에서 얼마든지 벌어질 수 있다.

그런데 이번에는 동전을 두 번이 아니라 1만 번 던진다고 가 정해 보자. 그리고 앞면과 뒷면이 나오는 경우의 수를 모두 더하 면 결과는 완전히 달라진다. 이 경우 거의 백발백중 앞면의 횟수는 5,000번 근처, 뒷면의 횟수도 5,000번 근처가 된다.

이게 바로 큰 수의 법칙이다. 비록 한두 번 해 보면 확률에서 어긋나는 일이 종종 벌어지지만, 시도하는 횟수가 많아질수록 실제 일어나는 사건의 숫자는 확률과 가까워진다. 동전 던지기를 1억 번 하면 경우의 수는 틀림없이 각각 5,000만 번에 수렴한다.

'내가 해 봐서 아는데'가 위험한 이유

큰 수의 법칙이 시사하는 바는 시도를 많이 할수록 진리에 가 까워지는 반면, 시도가 적을수록 이변이 일어날 확률이 높다는 데 있다. 다른 예를 들어 보자. 농구는 모든 스포츠 가운데 가장 이변이 적게 일어나는 스포츠로 꼽힌다. 왜 그럴까?

농구는 한 경기에서 팀당 골의 숫자가 30~50골이나 될 정도로 많은 골이 터지는 스포츠다. 각 팀의 공격 횟수가 100번이 넘는다. 이렇게 공수 교대 횟수가 늘어난다는 것은 골을 시도하는 숫자가 충분하다는 것을 뜻한다. 그리고 골을 시도하는 숫자가 클수록 큰 수의 법칙에 따라 양 팀의 승부는 평균, 즉 실력에 의해 갈릴 가능성이 크다.

그래서 실력이 떨어지는 팀이 뛰어난 팀과 농구 시합을 할 때는 전후반 각각 20분짜리 농구 시합을 하는 것보다 전후반 각각 1분짜리 시합을 하는 것이 훨씬 유리하다. 차라리 양쪽이 한 번씩만 공격과 수비를 번갈아서 하고 승부를 내면 이변이 일어날 가능성이 커지기 때문이다.

경제학자 대니얼 카너먼은 큰 수의 법칙을 연구하다가 '작은 수의 법칙(law of small numbers)'이라는 새로운 개념을 도출했다. 행동경제학은 사람이 늘 현명하고 합리적으로 행동하지 않는다는 점을 전제로 한다. 사람은 때로는 어리석은 선택을 하고, 때로는 아둔한 행동을 한다는 것이다.

그런데 카너먼의 관찰 결과 사람들은 큰 수의 법칙을 잘 따르지 않았다. 합리적 인간이라면 당연히 큰 수의 법칙을 믿고, 충분한 실험을 한 끝에 진리를 예측해야 한다. 그런데 대부분의 사람은 충분한 시도를 거치지 않고 고작 한두 차례 자기가 겪은 경험만을 바탕으로 진리를 도출해 내려 했다. 카너먼은 인간의 이런 비합리적 태도를 관찰한 뒤 이를 '큰 수의 법칙'에 빗대 '작은 수의 법칙'이라고 불렀다. 그래서 작은 수의 법칙은 사실 법칙이라기보다는 인간이 흔히 저지르는 실수에 가깝다.

작은 수의 법칙에서 우리가 분명히 기억해야 할 교훈은, 시도한 횟수가 충분하지 않으면 이변이 자주 발생한다는 사실이다. '내가 해 봐서 아는데!'라며 자기 경험을 밀어붙이는 태도가 위험한 이유는 바로 여기에 있다.

진리는 혼자 해 봐서 나온 결과에서 도출되지 않는다. 괜히 자기의 경험만 믿고 고집 피우지 말고, 중요한 결정을 하기 전에는 수천수만 명의 경험을 모아 그 속에서 진리를 찾도록 노력해야 한다.

바쁜 나를 위한 한 줄 요약

왜 '내가 해 봐서 안다'는 사람이 더 모를까?

'작은 수의 법칙'에 빠져서 그렇다. 자기가 겪은 '작은 경험'을 과대평가하는 것이다. 중요한 결정을 할 때는 괜히 자기의 경험만 믿고 밀어붙이는 태도를 버려야 한다!

왜 그는
도박에 빠졌을까?

통제력 착각

경마장, 카지노 같은 곳에 가면 우리는 그곳에 오래도록 머무르는 사람이 누군지 한눈에 알아볼 수 있다. 그저 재미로 한번 경마나 카지노 게임에 참여하는 게 아니라, 돈을 벌어 보려는 마음으로 빚까지 낸 사람들 말이다. 도박으로 큰돈을 벌 수 없다는 것은 누구나 아는 사실이다. 도박에 빠진 이들만 모르는 듯하다. 대체 왜 그들은 도박에 빠진 걸까?

기상천외한 커닝 방법

고등학교 때 실제 겪었던 일이다. 중간고사 때 열심히 문제를 풀고 있는데 먼저 시험을 마치고 나간 친구들이 복도에서 소리를 지른다. "김철수, 빨리 나와!", "신종훈, 나와라!", "현석훈, 나와!" 이런 소리가 들린다. 짜식들, 시험 빨리 끝냈으면 좀 조용히 있을 것이지! 속으로 투덜대고 있는데 마침내 어떤 녀석이 "이완배, 빨리 나와!"라며 나의 이름을 부른다. 그런데 3초 뒤, 다급한 목소리가 들렸다. "아냐, 아냐! 이완배, 빨리 나와가 아니라 이완배, 나와라!" 응? 이게 무슨 사태인가? "이완배. 빨리 나와!"가 아니고 "이완배, 나와라!"라고? 무슨 말인지 당최 이해가 가지 않았다. 빨리 나오지 말고 천천히 나오라는 이야기인가? 시험을 마치고 그들을 찾아 영문을 물었다. 그때 친구의 답이 이랬다.

"야, 미안하다. 사실은 너를 부른 게 아니고, 커닝을 한 거였어. 넌 좀 모른 척해 주라."

사연은 이랬다. "이완배, 빨리 나와!"는 친구들 사이의 암호였다. 당시에는 학생들에게 번호가 붙어 있었는데, 대부분 급우들은 친구의 번호를 알고 있었다. 필자의 번호가 23번이었다면 "이완배"라는 이름은 23번 문제를 뜻하는 것이었다. 그리고 그다음에 나오는 글자 숫자는 정답의 번호를 뜻했다. 예를 들어 "이완배, 빨리 나와!"라는 신호는 "23번 문제의 답은 4번('빨리 나와'가 네 글자니까)"이라는 뜻이고 "이완배, 나와라!"는 "23번 문제 답은 3번", "이완배, 나와!"는 "23번 문제 답은 2번", "이완배, 와!"는 "23번 문제 답은 1번"이라는 뜻이었다.

친구들은 그 사실을 실토하며 혹시 선생님에게 고자질을 하지 않을까 걱정스러운 눈빛이었다. 하지만 필자가 이 이야기를 듣고 보였던 반응은 "너희, 천잰데!"였다. 실로 천재적인 커닝 방법 아닌가? 친구들에게 진심으로 이렇게 말했다. "너희야말로 주입식 교육의 암울한 현장에서 창의성을 꽃피운 훌륭한 친구들이다. 나중에 커서 뭐가 돼도 꼭 될 거다. 파이팅!"

물론 커닝을 한 게 옳다는 이야기는 절대 아니다. 하지만 필자가 이 일에 그토록 감탄했던 이유는 평소 매우 아둔한 방식으로 답을 찍는 친구들을 종종 봐 왔기 때문이다. 예를 들어 필자가 제일 이해하지 못했던 행동 중 하나는 연필을 굴려 답을 찾는 것이었다. 사각 연필에 ①, ②, ③, ④ 숫자를 네 개 써 놓고(당시에는 보기가 네 개뿐이었음) 그걸 데굴데굴 굴린 뒤 나오는 번호로 답을 찍는 것이다. 하지만 그렇게 찍는 것과 그냥 아무 생각 없이 ③번을 찍는 것은 확률적으로 아무런 차이가 없다. 친구들에게 "굳이 왜 그런 짓을 하냐?"고 물어보면 그들은 확신에 찬 얼굴로 "그냥 찍는 것보다 연필 굴리는 게 훨씬 적중률이 높다"고 우겼다. 이런 아둔한 행동에 비하면 "이완배, 빨리 나와!"라는 커닝 방법은 실로 신선하지 않은가?

통제할 수 없는 것을 통제할 수 있다는 믿음

이번 장의 주제는 '통제력 착각'이다. 행동경제학과 심리학에서는 사람들이 자신의 미래를, 혹은 운명을 완벽하게 통제할 수 있다고 낙관하는 행동을 통제력 착각 또는 통제력 환상(Illusion of Control)이라고 부른다. 쉽게 말해 사람들은 절대 통제되지 않는 일조차 자기 힘으로 통제할 수 있다고 믿는다는 뜻이다.

연필을 굴려 답을 찾는 게 대표적인 사례다. 어차피 답을 적중시킬 확률은 4분의 1이다. 그런데 사람들은 연필을 굴리는 노력을 하면 확률을 높일 수 있다고 믿는다. 답을 찍을 때 한 번호에 쭉 찍지 않고 ①-③-④-②-③-②-④-① 식으로 번호를 다양하게 찍는 사람도 있다. 왜 그러는지 물어보면 "내 촉이 좀 좋거든."이라고 답한다. 아니거든! 네 촉이 특별히 좋을 리가 절대 없거든! 하지만 사람들은 자기의 촉이 확률의 벽을 뚫을 수 있다고 믿는다.

카드 게임을 할 때 히든카드를 그냥 열어 보지 않고, 다른 카드로 히든카드를 가린 뒤 천천히 오픈하는 사람들도 부지기수다. 속어로 '카드를 쫀다'고 하는데, 실로 아무 쓸데없는 짓이다. 하지만 그런 노력을 하면 나에게 좋은 카드가 올 것이라고 믿는 이들이 있다. 이 역시 자신이 운을 통제할 수 있다고 착각하기 때문이다. 도박에 빠진 사람들의 심리도 이와 같다.

1965년 심리학 잡지 『사이콜로지컬 모노그래프(Psychological Monographs)』에는 심리학자 허버트 젠킨스 Herbert Jenkins와 윌리엄

와드^{William Ward}의 흥미로운 연구가 실렸다. 실험 팀은 참가자들을 모은 뒤 빈방에 가둬 놓고 전등을 갑자기 꺼 버렸다. 방 안에는 전등 스위치가 있었다. 실험 팀은 참가자들에게 "스위치를 누르면 불이 켜질 수도 있고, 안 켜질 수도 있습니다."라고 분명히 알렸다.

잠시 뒤 참가자들은 불이 꺼지자 모두 스위치를 눌렀다. 그런데 실험 팀이 미리 공지했듯이 스위치를 눌러도 불이 안 켜지는 경우가 있었다. 이때 사람들은 미리 실험 팀에 의해 조작된 것이라고 여기고는 물러나야 정상이다. 그러나 참가자들은 그렇지 않았다. 대부분은 스위치를 두 번, 세 번 누르더니 마지막에는 스위치를 꾸~욱 누르는 노력을 보였다. 스위치를 꾸~욱 누른다고 불이 들어올 리가 없는데 사람들은 혼신의 힘을 다해 스위치를 누르면 불이 켜질 것이라고 은연중에 믿었다.

'통제력 착각'이라는 이름을 만든 이는 하버드대 심리학과 앨런 랭거^{Ellen Langer} 교수다. 랭거 교수의 실험도 흥미롭다. 연구 팀은 A와 B 두 그룹에 1달러짜리 로또를 한 장씩 사게 했다. A 그룹은 로또 번호를 직접 골랐고, B 그룹은 자동으로 번호가 선택된 로또를 배정받았다. 이후 두 그룹에 "옆 사무실 동료가 로또를 꼭 사고 싶어 하는데 로또가 매진됐어요. 당신들이 가진 로또를 팔 생각이 있나요? 만약 판다면 얼마에 파실래요?"라고 물었다.

그런데 자신이 직접 번호를 고른 A 그룹에서는 무려 38%가 절대 로또를 팔지 않겠다고 버텼다. 반면에 무작위로 번호를 배정받은 B그룹에서는 로또를 팔지 않겠다고 고집을 부린 이들이 19%밖에 되지 않았다. 또 "로또를 판다면 얼마에 팔 것인가?"를 물었을 때 자신이 직접 번호를 고른 A 그룹이 제시한 가격은 무려 8.9 달러였다. 자기는 1달러에 사 놓고 말이다! 하지만 무작위로 번호를 배정받은 B 그룹이 제시한 판매 가격은 평균 1.9달러였다. 이런 현상이 나타나는 이유는 직접 번호를 고른 사람들이 스스로의 로또 당첨 확률을 훨씬 높다고 판단했기 때문이다. 그런데 이것도 심각한 착각이다. 확률적으로 직접 번호를 골랐건, 무작위로 배정받았건, 로또의 당첨 확률은 변하지 않는다.

우연과 운의 존재를 인정해야 한다

문제는 이런 착각이 세상에 존재하는 많은 불평등을 정당화할 수 있다는 데 있다. 강준만 교수의 책 『감정 독재: 세상을 꿰뚫는 50가지 이론』에는 이런 대목이 나온다. "자신이 통제할 수 없는 사건들에 대해서 통제감을 행사하는 사람들은 결국 세상사 모든 일이 순전히 우연한 것은 없고 당사자들에게 책임이 어느 정도는 있는 걸로 믿는 경향이 있다." 교통사고를 당한 행인을 두고 부주의해서 그랬겠거니 여기고, 성폭행을 당한 여성은 그럴 만한 여지를 줬다고 생각하는 식이다.

통제할 수 없는 것을 통제할 수 있다고 믿는 사람들은 세상의 모든 일에 이유가 있다고 생각한다. 가난한 사람들은 멍청하거나 게을러서 그렇게 되었고, 부자인 사람은 똑똑하거나 부지런해서 그런 결과를 얻게 되었다고 믿는다. 왜냐하면 세상의 모든 일은 통제할 수 있기 때문이다.

하지만 정말 그런가? 세상에는 노력으로 해결되지 않는, 인간의 힘으로 통제할 수 없는 수많은 일들이 있다. 그 사실을 인정해야 불평등의 본질을 이해할 수 있다. 한국에 사는 이완배 씨는 왜 소말리아에 사는 바레 씨보다 잘살까? 이완배 씨가 바레 씨보다 훨씬 똑똑하거나, 이완배 씨가 바레 씨보다 훨씬 부지런하기 때문일까? 그렇지 않다. 필자가 알기로 이완배 씨는 전혀 똑똑하지도 않고, 매우 심한 게으름뱅이기도 하다.

그런데도 두 사람은 엄청난 삶의 차이를 경험한다. 이 격차를 설명할 유일한 방법은 운이 좋았는지 나빴는지 여부뿐이다. 이완배 씨는 재수가 좋아서 대한민국에서 태어났고, 바레 씨는 운이 나빠서 극빈국 소말리아에서 태어난 것이다.

좋은 학교 나와 높은 연봉 받으면서 사회 지도층에 오른 사람들에게 물어보라. 그들은 자신이 누리는 모든 풍요가 오로지 자기의 노력과 능력 덕이라고 굳게 믿는다. 그런데 만약 그들이 소말리아에서 태어났다면 어떨까? 지금처럼 많은 것들을 손에 쥘 수 있을까? 불가능한 이야기다. 결국 그들이 누리는 대부분의 풍요는 대한민국에서 태어난 운에 기초한 것이다. 이처럼 개인이 누리는 풍요 중 상당수는 개인의 힘으로 통제할 수 없는 것들이다. 그것을 통제할 수 있다는 믿음은 착각일 뿐이다.

이 사실을 분명히 해야 우리는 사회에 존재하는 불평등의 본질을 이해하게 된다. 불평등의 원인을 모조리 개인의 탓으로만 돌리지 말고, 통제할 수 없는 영역이 있다는 것을 분명히 해야 한다. 이렇게 관점을 바꾸면 우리는 사회가 만들어 낸 수많은 자산들을 보다 공평하게 나눌 수 있다. 한국에 사는 이완배 씨의 운을 소말리아의 바레 씨에게 나누어 주는 배려가 필요하다는 이야기다.

3장

경제학,
인간의 행동을 분석하다

인간은 정말
이기적일까?

최후통첩 이론

가끔 사람들은 누가 봐도 손해인 행동을 하는 경우가 있다. 때로는 자신의 이익과 만족을 포기하기도 한다. 그런 행위는 사실 합리적이지 않다. 이는 인간은 합리적이라는 주류 경제학의 생각과도 배치된다. 정말 인간은 이기적일까? 이번에는 '최후통첩 게임'을 통해 인간의 '본능'에 대해 생각해 보자.

아이스크림 케이크 나누기와 '균형'

대학에서 경제학 수업을 들을 때의 일이다. 교수님이 경제학에서 중요한 개념인 '균형(equilibrium)'을 설명 중이었다. 경제학에서 균형이란 '수요와 공급이 완전히 일치해서 전혀 움직이지 않는 상태'를 말한다. 이 상황은 매우 안정적이라, 누구든 그 균형에서 이탈하는 순간 손해를 입는다. 이에 균형은 언제나 유지된다.

그런데 이렇게 풀어 써 놓아도 '그래서 그게 무슨 뜻인데?'라는 생각이 드는 것이 사실이다. 경제학에서 균형이라는 개념은 매우 중요한 기초적 개념이지만, 생각보다 이해하기가 쉽지 않다. 교수님은 이 개념을 설명하기 위해 예를 들었다.

"우리 집에 딸 둘이 있거든. 걔들이 아이스크림 케이크를 엄청 좋아해. 내가 아이스크림 케이크를 사 가면 매일 싸워요. 서로 더 먹겠다고. 그래서 내가 애들한테 균형을 가르쳐 주려고 이런 게임을 제안했어."

교수님이 두 딸에게 제안한 게임의 내용은 이렇다. 더 먹겠다고 싸우는 두 딸을 일단 갈라놓고, 언니에게 칼을 준다. 그러고는 언니에게 "네 마음대로 케이크를 두 조각으로 나눠라."라고 말한다. 단, 조건이 하나 있다. 케이크를 이등분하는 건 언니 마음대로인데, 일단 케이크를 둘로 쪼개면 고르는 권한은 동생에게 준다.

이러면 언니는 온갖 생각이 든다. 어떻게든 더 먹고 싶은 언니는 케이크를 이렇게도 쪼개 보고 저렇게도 쪼개 본다. 하지만 어떻게 쪼개도 언니는 손해를 본다. 왜냐하면 더 커 보이는 조각을 냉큼 동생이 가져가기 때문이다.

언니는 이 과정을 여러 차례 반복하다가 중요한 사실을 깨닫게 된다. 케이크를 정확히 절반으로 나누는 것이 자기에게 가장 이익이 된다는 사실을 말이다. 바로 이처럼 케이크를 가운데로 정확히 나누는 일은 두 사람 모두에게 매우 안정적인 균형을 안겨 준다. "이것이 경제학에서 말하는 균형이다!"라는 것이 교수님 설명이었다.

이해가 잘되는 설명이라 필자가 고개를 크게 끄덕였을 때, 교실 뒤편에서 한 학생이 벌떡 일어나 이렇게 외쳤다. "교수님, 대학교수씩이나 돼서 너무 쪼잔한 것 아닙니까? 애들이 그렇게 케이크를 먹고 싶어 하는데, 그냥 두 개 사서 하나씩 나눠 먹이세요!"

최후통첩 게임에서 균형 찾기

경제학은 200년 넘게 '인간은 이기적인 존재'라고 가르쳤다. 그리고 그 이기심은 나쁜 것이 아니라, 오히려 경제 발전의 동력이 된다고 주장했다. 모두가 각자의 이기심에 따라 더 많은 이익을 얻으려고 열심히 노력하면 '경쟁'이 되고, 그 경쟁이 새로운 균형을 찾아 나가며, 결국 보다 나은 경제활동을 유발해 세상이 아름다워진다는 것이다.

그런데 이런 경제학의 전개에는 심각한 오류가 있다. '인간은 이기적'이라는 전제 자체가 과연 옳으냐는 질문에, 경제학은 제대로 답하지 못하기 때문이다.

행동경제학이 개발한 다양한 모델 가운데 '최후통첩 이론'이 있다. 간단한 게임이니 여러분도 게임에 참가한다고 생각하며 자기의 생각을 말해 보자.

'갑돌이'와 '을순이' 두 사람이 게임에 참가한다. 여러분은 스스로 갑돌이가 됐다고 가정하기 바란다. 두 사람은 한 번도 만난 적이 없을뿐더러, 앞으로도 만날 일이 결코 없다. 게임 진행자는 갑돌이에게 1만 원을 공짜로 지급하면서 이렇게 제안한다. "1만 원을 둘로 쪼개 을순 님과 나눠 가지세요. 얼마씩 쪼개건 전적으로 갑돌 님의 자유입니다. 대신 한 가지 전제가 있습니다. 을순 님이 제안받은 금액에 대해 '좋은 제안'이라며 동의하면 두 분은 돈을 나눠 가지면 됩니다. 하지만 을순 님이 '그렇게는 못 하겠어!'라고 거절하면 게임은 무효가 됩니다. 애초에 제가 드렸던 1만 원을 다시 빼앗아 오겠습니다."

자, 이제 우리 모두 갑돌이가 되어 결정을 내려 보자. '공짜로 생긴 1만 원 가운데 얼마를 을순이에게 나눠 줄까?', '1,000원쯤 줄까?', '2,000원은 줘야 하나?', '공짜 돈이니까 반반씩 나눠 5,000원을 줄까?'

여러 생각이 들 테다. 물론 얼마를 나눠 주는지는 전적으로 갑돌이 마음에 달려 있다. 그것이 게임의 규칙이니까. 경제학은 이 최후통첩 게임에 정답이 존재한다고 가르친다. 정답은 단 1원이다. 경제학에서는 갑돌이와 을순이 모두 '이기적인 인간'이라고 전제하기 때문이다. 이기적인 인간은 당연히 자기의 이익을 극대화하기 위해 최선을 다한다. 따라서 돈을 나눌 권한을 가진 갑돌이는 을순이의 감정 따위는 아랑곳하지 않고 자신이 가장 많은 돈을 가져가려 한다.

하지만 1만 원 전부를 갑돌이가 다 가져갈 수는 없다. "나는 을순이에게 한 푼도 지급하지 않을래요."라고 제안하는 순간, 을순이는 당연히 그 제안을 거절할 것이다. 땡전 한 푼 안 생기는 을순이 입장에서 그 제안을 수락할 이유는 전혀 없다. 이에 갑돌이는 지급 가능한 화폐 가치의 최소 금액인 1원을 건넨다. 이러면 갑돌이는 9,999원을 가져갈 수 있어 이익을 극대화할 수 있다. 경제학에 따르면 1원을 제안받은 을순이 역시 이 제안을 거절하지 않는다. 거절할 경우 을순이 손에는 한 푼도 떨어지지 않지만, 승낙하면 1원이라도 생기기 때문이다.

"에이, 1원은 너무 적지 않아요? 그걸 왜 받아요?"라는 반문은 경제학적이지 않다. 인간은 이기적 존재이기 때문에 1원을 받는 것이 아예 못 받는 것보다 이익이라는 사실을 알고, 그 제안을 거절하지 못한다. 그래서 최후통첩 게임 결과는 갑돌이 9,999원, 을순이 1원으로 결말을 맺는다.

왜 '합리적 인간'이 1원을 거부하는가?

아마 많은 독자가 이 대목에서 '그럴듯하긴 한데, 영 수긍이 안 가네.'라는 생각이 들 것이다. 논리적으로는 분명히 최후통첩 게임 결과가 갑돌이 9,999원, 을순이 1원으로 결말이 나는 것이 맞다. 그런데 현실 세계에서 이 실험을 진행하면 과연 같은 결과가 나올까? 당장 이 글을 읽는 여러분 가운데서도 을순이에게 1원만 주겠다고 생각한 사람이 몇이나 될까?

이 이론이 맞는지 확인하기 위해 숱한 경제학자가 실험에 나섰다. 사람들을 모으고 둘씩 짝을 지어 한쪽에 돈을 준 뒤 나눠 보라고 시킨 것이다. 많은 실험 끝에 내려진 결론은 이론과 전혀 달랐다. 우선 갑돌이 역할을 맡은 사람은 생면부지의 을순이에게 1원만 내주지 않았다. 갑돌이는 평균 약 4,000원을 을순이에게 주는 것으로 나타났다. 또 한 가지 중요한 결론이 있다. 갑돌이가 2,000원 이하를 제안했을 때, 을순이는 그 제안을 거절하는 경향이 매우 강했다는 사실이다. 제안을 거절하면 그 2,000원마저 손에 넣지 못하는데도, 을순이는 제안을 단호히 거부했다.

이런 실험 결과는 '인간은 이기적이다'를 전제로 한 현대 경제학에 심각한 도전을 안겨 주었다. 인간은 결코 이기적이기만 한 존재가 아닌 것이다. 우리는 공짜 돈 1만 원이 생기면 난생처음 본 사람에게도 기꺼이 4,000원 정도는 나눠 줄 수 있는 협력적 존재였다. 혼자만 잘 먹고 잘살겠다고 생각하는 존재가 아니라, 함께 사는 방법을 모색하는 존재라는 이야기다.

또 한 가지 중요한 사실. 인간은 2,000원이라는 공짜 돈을 안 받는 손해를 감수하고서라도, 부당한 소득분배에 저항하는 존재다. 2,000원 이하를 제안받은 을순이는 그 분배가 불공정하다고 판단했다. 어차피 공짜 돈인데도, 갑돌이가 8,000원 이상을 가져가는 분배는 옳지 않다고 믿었다. 그래서 을순이는 2,000원을 포기하면서까지 갑돌이가 8,000원의 부당 소득을 가져가는 사태를 막았다. 이는 인간이 경제학에서 가르치는 대로 오로지 자기 이익의 극대화만을 추구하는 '이기적 존재'가 아니라는 점을 보여 준다.

인간은 과연 이기적 존재인가?

인간이 자기 이익의 극대화만을 추구하는 이기적 존재가 아니라는 사실은 현대 경제학의 수많은 주장을 무너뜨린다. 경쟁을 통해 더 나은 결과를 낳을 수 있다는 주장도 수정돼야 한다. 인간은 때로는 협동하고, 나만이 아니라 이웃을 고려하며, 상생(相生)을 추구하기 때문이다. 그래서 수많은 경제적 문제점을 모두 '이기적 인간'이라는 전제로 풀어서는 안 된다.

1970년대 초반 터키 알라냐 지역에서는 어민들이 물고기를 남획해 해산물이 고갈될 지경에 이르렀다. 이 문제는 분명 인간이 이기적이라서 생긴 일이었다. 그런데 누군가가 관여하기 전에 지역 어부들은 이기심을 제어하며 스스로 협동조합을 만들어 문제를 해결해 나갔다. 서로 낚시질할 순서를 정하고, 물고기를 잡는 양도 자체적으로 조절했다. 조합에 가입한 어부들은 공평하게 물고기가 많이 잡히는 지역에 똑같은 시간을 배정받았고, 이들은 '물고기를 아껴야만 모두 살 수 있다'는 생각에 이 규칙을 스스로 지켰다. 이처럼 나만 생각하는 것이 아니라, 이웃을 생각할 능력이 인간에게는 존재한다. 이기심을 기반으로 한 경제학이 아닌, 협동을 전제로 한 경제학이 필요한 이유가 여기에 있다.

불로소득 1만 원이 생기면 생면부지 사람에게도 기꺼이 4,000원을 나눠 줄 수 있는 인간, 부당한 분배에는 2,000원의 손실을 감수하고서라도 항의하는 인간, 두 딸이 아이스크림 케이크를 먹고 싶으면 아빠로서 기꺼이 케이크 두 개를 사서 배불리 먹일 줄 아는 인간. 경제학은 인간이 어떤 존재인지 조금 더 심각하게 고민해 볼 필요가 있다.

바쁜 나를 위한 한 줄 요약

인간은 정말 이기적일까?

지금껏 주류 경제학은 '인간은 합리적'이라는 가정 아래 이론을 구상해 왔다. 그러나 인간에게는 타인을 생각하는 능력이 존재한다. 그것이 바로 이기심을 기반으로 한 경제학이 아닌, 협동을 전제로 한 경제학이 필요한 이유다.

왜 평범한 사람들이
범죄를 저지를까?

범죄의 경제학

교육 현장에서 학교 폭력 문제는 어느 때나 이슈가 되고 있다. '사이버 불링'이라고, SNS나 메신저를 통해서 교묘하게 특정인을 괴롭히는 일도 빈번하다고 한다. 그런데 겉으로 보기에는 별 문제 없이 평범한 학교생활을 하는 학생들이 학교 폭력에 가담하는 일이 대부분이라고 한다. 평범해 보이는 이들이 왜 학교폭력이라는 범죄를 저지르게 된 걸까?

불법 주차에서 시작된 범죄의 경제학

1992년 노벨경제학상을 수상한 게리 베커 Gary S. Becker 시카고대 교수는 '범죄경제학'이라는 독특한 영역을 개척한 경제학자다. 베커 교수는 범인이 범죄를 저지르는 데 드는 비용과 범죄가 가져올 이익을 비교해서, 어느 쪽이 큰지 판단한 뒤 범행 여부를 결정한다고 주장했다.

여담이지만 베커 교수가 이 같은 이론을 발전시킨 데는 본인의 경험이 크게 작용했다고 한다. 그가 컬럼비아대에서 강의할 때 몇 번 지각할 뻔한 적이 있던 모양이다. 그런데 하필이면 그날 주차장이 만차 상태였다.

베커 교수는 불법 주차를 할 것인지 고민하다가 번개처럼 비용과 이익을 계산하는 자신의 모습을 발견했다. 불법 주차로 시간을 벌어 강의 시간을 지켰을 때 얻는 이익(학생들에게 신뢰를 얻고, 학교로부터 징계도 피하고…)과, 불법 주차로 치러야 하는 비용(딱지를 뗄 확률과 딱지를 뗐을 때의 벌금)을 순식간에 고려한 뒤 비교했다는 것이다. 그는 이익이 크다고 판단했을 때는 불법 주차를 결심했고, 비용이 크다고 판단했을 때는 그냥 지각했다.

모든 상황을 이렇게 수학적으로 계산하는 것을 보면, 이분도 인생 참 피곤하게 사는 스타일인 것 같다. 하지만 그렇게 피곤하게 산 덕에 범죄경제학이라는 새로운 분야를 개척했고 노벨경제학상도 받았으니 대가가 꽤 근사한 셈이다.

베커 교수의 주장대로 범죄가 가져다주는 이익이 비용보다 클 때 범죄가 발생한다면, 범죄 비용을 어떻게 계산하는지 먼저 알아야 한다. 그는 범죄 비용을 '적발될 확률(체포나 구속 등)×처벌 강도(형량)'라는 공식으로 표현했다.

예를 들어 불법 주차를 할 때 과태료가 5만 원이고 적발될 확률이 10%라면, 한 번 불법 주차를 할 때마다 예상되는 비용은 '5만 원×10%(0.1)'인 5,000원이 된다. 이것을 기댓값이라고 부른다. (고등학교 수학 '확률과 통계'에서 나오는 개념이다.)

이때 불법 주차로 얻는 이익이 5,000원 이상이면 그는 불법 주차를 할 것이다. 예를 들어 불법 주차를 하고 강의 시간을 제대로 맞추면 학생들로부터 "역시 우리 교수님은 늦는 법이 없어."라는 평판을 듣는다. 이 평판의 가치가 5,000원 이상이라면 불법 주차를 하면서까지 이를 지키려 할 것이다.

반면에 '평판이 돈 벌어 주냐? 그깟 평판 따위 뭐가 중요하다고!'라고 생각하는 사람에게는 평판의 가치가 5,000원에 미치지 못한다. 이러면 그는 당연히 주차장을 뱅뱅 돌며 합법 주차를 할 것이고, 지각해서 욕 좀 먹는 일은 신경도 쓰지 않을 테다.

사람은 그렇게 계산적이지 않다

베커 교수의 주장을 요약하자면 '사람은 범죄를 저지르기 전에 번개처럼 이익과 비용을 계산해서 범죄 여부를 결정한다'는 이야기인데, 노벨경제학상까지 받은 위대한 경제학자가 한 말이니 일단 맞는다고 치자.

그런데 영 찜찜하다. 살아오면서 필자는 거짓말도 많이 해 봤고, 사소한 범죄(예를 들면 무단 횡단)도 저질러 봤다. 하지만 아무리 생각해 봐도 범죄를 저지를 때 그런 수학적 계산을 한 적은 한 번도 없었다. 그래서 베커 교수의 이론은 논리적으로는 설득력이 있지만, 마음에 와 닿지가 않는다.

베커 교수의 범죄경제학은 주류 경제학의 사상을 대변한다. 계속해서 이야기하지만, 인간은 모든 상황을 번개처럼 숫자로 계산해 단 1이라도 나에게 유리한 방향으로 선택하는, 합리적이고 이기적 존재라는 생각이 바로 주류 경제학의 핵심이다.

하지만 행동경제학은 이런 주류 경제학의 사상에 동의하지 않는다. 행동경제학에 따르면, 인간은 전혀 합리적이지도 계산적이지도 않다. 그리고 어떤 이유로 때로는 비합리적인 결정을 내리기도 한다.

이 책에 자주 소개된 행동경제학자 댄 애리얼리는 베커 교수의 이론에 정면으로 반기를 든다. 사람들은 범죄를 저지를 때 그 누구도 정교한 계산을 하지 않는다는 것이다.

이를 증명하기 위해 애리얼리 교수가 한 실험은 이렇다. 그는 미국에서도 손꼽히는 명문 대학인 매사추세츠공대(MIT) 기숙사에 몰래 잠입해 학생들이 공동으로 사용하는 냉장고에 미끼를 던졌다. 기숙사 전체 냉장고 가운데 절반에는 1달러짜리 콜라가 6개 들어 있는 팩을 넣어 두었고, 나머지 절반에는 1달러짜리 지폐 6장을 접시에 담아 놓았다. 만약 학생들이 콜라나 1달러 지폐를 집어간다면 그건 절도에 해당하는 범죄다. 교수가 학생들이 도둑질하는지 지켜본 셈이다. (이분도 참 피곤하게 산다!)

주류 경제학자인 베커 교수의 이론대로라면 콜라건 지폐건 없어지는 속도도 비슷해야 한다. 아니, 오히려 1달러 지폐가 더 빨리 없어져야 한다. 왜냐하면 콜라나 지폐나 모두 1달러의 가치가 있으므로 그걸 훔쳐서 얻는 효용이 똑같고, 어차피 냉장고 안에 들어 있으니 적발될 확률도 비슷하기 때문이다. 오히려 1달러가 콜라보다 효용이 크다고 볼 수 있다. 1달러를 집어 가면 기숙사 자판기에서 콜라 대신 사이다를 뽑아 마실 수도 있다. 콜라보다 사이다를 더 좋아하는 사람도 있는 법이다.

그런데 실험 결과는 전혀 달랐다. 분명히 도둑질을 통한 이익은 1달러가 더 클 텐데, 72시간이 지나도 1달러 지폐는 거의 사라지지 않았다. 반면에 콜라는 72시간 만에 깡그리 없어졌다. 베커 교수의 범죄와 관련된 '이익과 비용 분석'이 현실에서는 전혀 맞지 않은 셈이다.

이유는 간단하다. 사람이란 원래 그런 존재다. 1달러짜리라도 돈을 훔치면 사람은 진짜 범죄를 저지르는 것 같은 죄책감을 느낀다. 하지만 콜라라면? '에이, 그깟 콜라 하나쯤 훔쳐 먹어도 누가 뭐라 할 사람 없겠지.'라는 생각이 든다.

회사에서 포스트잇이나 볼펜 등의 공용 물품을 슬쩍 집으로 가져오는 회사원이 꽤 있다고 한다. '소확횡(소소하고 확실한 횡령)'이라는 말까지 돈다. 하지만 그들이 회사에서 돈을 훔치지는 않는다. 이것도 비슷한 심리다. 돈을 들고 오면 진짜 범죄가 된다고 생각한다. 하지만 이론적으로 따지면, 아주 작은 물건일지라도 볼펜을 들고 가는 일 역시 범죄인 것은 마찬가지다.

그래서 애리얼리 교수는 말한다. "사람들은 무슨 엄청난 계산을 통해 범죄를 저지르는 것이 아닙니다. 범죄를 저지를 환경이 형성되면 무심코 범죄를 저지릅니다. 돈을 훔치면 안 된다는 생각이 있어도, 콜라나 볼펜은 집어 가는 이유가 그런 겁니다. 환경만 조성되면 착한 사람들조차 '이 정도는 괜찮겠지?'라고 생각하며 무심코 범죄에 가담하는 거죠."

범죄는 전염된다

애리얼리 교수에 따르면, 범죄에는 전염병 같은 성격이 있다. 주변 사람이 다 범죄를 저지르면 자기도 무심코 그 범죄를 따라 저지르는 경향이 있다는 것이다. 아마 여러분도 경험해 봤을 테다. 횡단보도에서 사람들이 우르르 무단 횡단을 할 때, 나도 별생각 없이 무단 횡단에 가담한다. 그때 '내가 무단 횡단을 할 때 이익이 얼마고, 비용이 얼마고'를 계산하지 않는다. 남들이 다 하니까 나도 태연히 무단 횡단을 한다.

학교 폭력도 마찬가지다. 주변 친구들이 다 따돌림에 가담하니, 자기도 아무 생각 없이 폭력에 동조하게 되는 것이다. 결국 학교 폭력의 가해자는 한둘이 아닌 여러 명이 된다. 평범해 보이는 학생들 말이다.

심리학에는 '깨진 유리창 이론'이라는 것이 있다. 범죄의 전염성을 밝혀낸 이론인데, 이를 확인하기 위해 필립 짐바르도^{Philip G. Zimbardo} 스탠퍼드대 심리학 교수가 실험을 진행했다. 짐바르도 교수는 사람들이 많이 다니는 거리에 차를 한 대 주차하고 트렁크를 열어 두었다. 그는 이 차를 무려 일주일이나 방치했는데, 아무런 일도 벌어지지 않았다. 그게 당연한 거다. 누군가 차에 손을 댔다면 그건 범죄다.

이후 짐바르도 교수는 같은 골목에 똑같이 차를 주차했다. 그런데 이번에는 트렁크를 열어 둔 것이 아니라 유리창을 하나 박살냈다. 일주일 뒤 이 차에 무슨 일이 벌어졌을까? 사람들은 이 차에서 배터리나 타이어 등 각종 부품을 모조리 훔쳐 가 버렸다. 나중에 더 훔쳐 갈 것이 없어지자 군중은 차를 부쉈다.

같은 골목에 주차했는데 왜 이런 차이가 생겼을까? 바로 범죄의 전염성 때문이다. 트렁크가 열린 차를 보면 사람들은 '주인이 트렁크를 열어 둔 모양이네.'라고 가볍게 생각하고 지나친다. 하지만 유리창이 깨진 차를 보면 사람들은 '누군가 유리창을 깨고 뭘 훔쳐 간 모양이네.'라고 생각한다. 이때부터 문제가 시작된다. '어차피 누군가 저 차에서 뭘 훔쳐 갔다면, 나도 좀 훔치면 어때?'라는 유혹이 범죄 심리를 자극한다.

이런 생각으로 첫 번째 절도범이 차에서 내비게이션을 훔친다. 두 번째 절도범은 대담하게 타이어를 빼 간다. 세 번째 절도범은 아예 자동차 내부 부품을 훔쳐 간다. '남도 훔쳤는데, 나도 좀 훔치면 어때?'라는 심리가 전염병처럼 확산된다.

애리얼리 교수는 여러 실험을 통해서 범죄나 부정부패는 나쁜 놈들의 전유물이 아니고 우리 같은 평범한 사람들, 심지어 도덕적인 사람들도 빠질 수 있는 문제라고 지적한다. 환경만 조성되면 나약한 인간은 범죄의 유혹에 빠진다.

대한민국은 고위층이나 부유층의 부정부패가 매우 심한 나라다. 부유층의 도덕성을 중시하는 서양 사회와 분위기가 무척 다르다. 왜 그럴까? 범죄를 저지르는 사람이 모두 악마여서? 아니면 처벌의 강도가 약해 범죄의 이익이 비용보다 커서?

그럴 수도 있지만, 사회 분위기가 부유층의 범죄에 관대하다는 것도 그 이유 중 하나일 것이다. 이러다 보면 '옆집 부자도 횡령하고 사기 치는데 나도 좀 하면 어때?'라는 심리가 이들 사이에서 확산된다.

다시 한 번 말하지만 범죄는 전염된다. 전염병이 창궐하기 전, 애초부터 병의 뿌리를 뽑아 번지는 것을 막아야 한다. 뿌리를 다스

리지 못하면, 모든 구성원이 '나도 범죄 좀 저지르면 어때?'라고 생

각하는 악(惡)의 사회가 될지도 모른다.

바쁜 나를 위한 한 줄 요약

왜 평범한 사람들이 범죄를 저지를까?

환경만 조성되면 나약한 인간은 범죄의 유혹에 빠질 수 있
다. '쟤도 하는데, 나도 하면 어때?'라는 생각! 주변 사람들
이 다 범죄를 저지르면 자기도 무심코 그 범죄를 따라 저지
르는 경향이 있다는 말이다.

왜 약자끼리
폭력을 휘두를까?

수평 폭력

사과 나라의 대왕 사과는 시민 사과들을 억압하고 착취하며 영양분을 혼자 공급받는다. 사과들은 대왕 사과의 횡포에 점점 말라 죽어간다. 얼마 남지 않은 영양분! 사과들은 그 영양분을 차지하기 위해 서로 싸우고 죽인다. 대왕 사과는 그 모습을 보며 생각한다. '내가 저 미개한 사과들을 계속 다스려 줘야겠군!' 여기서 사과를 썩게 한 주체는 과연 누구일까?

무엇이 사과를 썩게 하는가?

화학자이자 작가인 프리모 레비 Primo Levi. 그는 독일 나치스에 의해 아우슈비츠 수용소에 감금된 뒤 살아남은 유대계 이탈리아인이다. 레비는 감옥에서의 처참한 경험담을 기록한 『이것이 인간인가』의 저자이기도 하다. 그는 650명의 사람들과 함께 12칸의 화물차에 실려 아우슈비츠로 끌려갔다. 화물칸에는 모두 45명이 있었는데, 이 가운데 목숨을 건진 사람은 4명뿐이었다. 레비가 그곳에서 지낸 기간은 11개월이었고, 당시 아우슈비츠 수감자의 평균 생존 기간은 고작 3개월이었다. 이 끔찍한 경험을 한 그가 인류 사회에 던진 궁금증은 이것이었다.

"내가 수용소에서 처음 받은 위협과 모욕, 첫 구타는 나치스 친위대원들로부터 받은 것이 아니라 나와 똑같은 유대계 수용자들, 즉 동료들로부터 받은 것이었다."

상식적으로 같은 처지에 놓인 수감자들은 연대하고 협동하는 것이 지당해 보인다. 그런데 레비의 경험은 전혀 달랐다. 나치스로부터 억압받는 유대계 수감자들은 감옥 안에서 서열을 정했고, 그 안에서 약자를 괴롭혔다. 동족끼리, 그것도 같은 처지에 있는 동료들 사이에서 벌어진 이 폭력 사태를 과연 어떻게 해석해야 할까?

이 질문에 대한 답을 찾기 위해 1971년 스탠퍼드대 심리학 교수 필립 짐바르도 Philip Zimbardo는 '악마의 효과(혹은 루시퍼 이펙트)'로 불리는 실험을 진행했다. 그는 스탠퍼드대 건물 지하에 가짜 감옥을 만든 뒤 24명의 지원자를 참여시켰다. 이들은 범죄 경력도 없고, 범죄를 일으킬 가능성도 매우 낮은 아주 평범한 백인 중산층 가정의 젊은이였다. 짐바르도는 지원자를 두 그룹으로 나눠 한 그룹에는 교도관 역할, 다른 그룹에는 죄수 역할을 맡겼다.

그런데 실험을 시작한 지 이틀 만에 짐바르도의 예상을 뛰어넘는 일이 벌어졌다. 교도관 역을 맡은 이들이 역할에 지나치게 몰두해서, 예상을 뛰어넘을 정도로 폭력적으로 변한 것이다. 죄수들을 탄압하는 방식은 나날이 악랄해졌다. 사태가 걷잡을 수 없이 커지자, 짐바르도는 2주로 계획한 실험을 6일 만에 종료할 수밖에 없었다. 실험을 마친 짐바르도는 '개인의 자질에만 초점을 맞춘다면 폭력 문제를 절대 해결할 수 없다'는 결론을 내렸다. 인간은 자기가 처한 환경에 따라 얼마든지 끔찍한 폭력을 저지를 수 있다는 의미다. 짐바르도는 이렇게 단언한다.

"썩은 사과가 썩은 상자를 만드는 것이 아니라, 썩은 상자가 썩은 사과를 만드는 것이다."

왜 힘없는 군중은 서로에게 폭력을 휘두를까?

짐바르도에 앞서 '가난하고 힘없는 군중이 왜 서로에게 폭력을 휘두르는가?'에 대해 정신분석학적으로 연구한 또 다른 학자가 있다. 바로 평생을 인종차별과 식민주의에 맞서 싸운 프란츠 파농 Frantz Fanon이 그 주인공이다. 프랑스 국적의 흑인 파농은 파리에서 정신의학을 전공해 의사가 된 뒤, 당시 프랑스의 식민지였던 알제리에 정착했다. 이후 그는 평생을 흑인 해방과 알제리 독립을 위해 싸웠다.

파농이 당시 주목한 일은 알제리에서 일어난 숱한 폭력 사태였다. 그 시절 알제리에서는 크고 작은 폭력 사건이 끊이지 않았다. 서민들끼리 서로 죽이고 죽였다. 예를 들면 이런 식이었다. 하루 14시간의 고된 노동을 마치고 천막에 돌아온 알제리 서민은, 옆 천막에서 시끄럽게 운다는 이유로 아기를 찔러 죽였다. 외상을 사절한 상점 주인을 야밤에 찾아가 찔러 죽인 젊은이도 있었다.

지배자 입장인 프랑스는 당시 알제리 국민의 이런 폭력성을 몹시도 증오했다. 프랑스 사람은 알제리 국민을 두고 '선천적으로 저열하고 폭력적이며, 이유 없이 살인하고 범죄 성향이 강하다'고 떠들어 댔다. '깜둥이들은 원래 폭력적'이라는 인종차별적 선전이 난무했다.

파농은 이때 정반대의 목소리를 냈다. 1954~1959년 자신이 직접 치료한 환자들의 진료 기록을 바탕으로 프랑스의 악선전에 치열한 반격을 시작한 것이다. 그는 '알제리 국민이 폭력적인 이유는 바로 프랑스인이 가하는 수직 폭력 탓'이라고 주장했다.

파농은 폭력을 '수평 폭력'과 '수직 폭력'으로 구분했다. 수직 폭력이란 위에서 가해지는 폭력, 즉 지배자가 행하는 폭력이다. 수평 폭력은 서민들끼리 휘두르는 폭력, 즉 피지배자끼리 치고받는 폭력이다. 파농에 따르면 서민은 프랑스 제국주의자로부터 받는 수직 폭력 탓에 곤궁한 삶을 살게 된다. 그런데 그 곤궁이 서민을 더 폭력적으로 만들어 수평 폭력을 휘두르게 한다. 빈곤의 늪에서 허우적대던 서민들은 자기보다 약한 사람을 죽이고 두들겨 패는 방식으로 수직 폭력의 한과 고통을 푼다. 알제리 서민은 원래 썩은 사과가 아니었고, 그들을 둘러싼 사과 상자가 썩었기 때문에 오염됐다는 이야기다.

이에 파농은 '알제리 사람은 구제 불능'이라고 주장한 유럽 백인들을 향해 항쟁의 깃발을 높이 들었다. 프랑스의 수직 폭력을 없애지 않는 한, 알제리 서민끼리 치고받는 수평 폭력은 사라질 수 없다고 봤기 때문이다. 안타깝게도 파농은 그토록 소원한 알제리 독립을 1년 앞둔 1961년 36세의 젊은 나이로 세상을 떠났다.

브렉시트의 비극은 왜 일어났을까?

'수평 폭력을 없애기 위해 수직 폭력에 맞서야 한다'는 파농의 주장은 현실 속에서 이뤄지기가 생각만큼 쉽지 않다. 지배계급이 서민의 수평 폭력 본능을 자꾸 이용하려 들기 때문이다.

2016년 6월 24일, 전 세계를 경악에 빠뜨린 '브렉시트(Brexit)'도 마찬가지였다. 브렉시트란 영국을 뜻하는 '브리튼(Britain)'과 탈퇴를 뜻하는 '엑시트(exit)'라는 단어를 합친 말이다. 즉 영국이 국민투표로 유럽연합(EU) 탈퇴를 결정한 바로 그 사건을 브렉시트라고 부른다. 그 당시 '유럽연합을 탈퇴해야 한다'고 주장한 영국 보수파의 주장은 이것이었다.

"우리가 지금 못사는 이유는 국경을 너무 쉽게 개방했기 때문이다. 아랍의 가난한 난민들이 유럽 대륙을 거쳐 영국에 무더기로 건너와 일자리를 빼앗는 바람에, 영국 서민이 일자리를 잃은 것이다. 따라서 영국은 유럽연합을 탈퇴하고 아랍 난민이 영국에 들어오는 것을 막아야 한다."

이 주장에 가난한 영국인들은 열광했다. 가난에 찌든 영국 국민은 자기 감정을 아랍인 탄압으로 풀려 했다. 하지만 수많은 경제학자가 우려했듯, 영국 국민의 빈곤은 아랍 난민을 쫓아낸다고 해결되는 것이 아니었다. 1980년 마거릿 대처 Margaret Thatcher 수상이 강력한 자유무역을 시작한 이래, 영국 경제는 전적으로 시티 오브 런던(City of London)으로 불리는 금융자본의 지배를 받았다.

금융자본은 나날이 배를 불렸고, 부자는 더 큰 부자가 됐다. 2016년 브렉시트 투표 당시 영국은 소득 불평등이 세계에서 가장 심한 나라 가운데 하나였다. 영국 공영 방송사 BBC에 따르면, 최상위 부자 1%가 보유한 부(富)의 크기는 하위 20% 계층이 보유한 재산보다 무려 20배나 많았다. 또 상위 10%가 차지하는 소득이 국가 전체 재산의 절반을 넘는(54%) 지경에 이르렀다. 반면에 인구의 5분의 1을 차지하는 하위 20%가 보유한 재산은 전체 국가 재산의 0.8%에 머물렀다.

수평 폭력을 버리고 수직 폭력에 맞서자

이 말은 영국 서민이 가난한 이유가 그들의 일자리를 아랍인에게 빼앗긴 탓이 아니라는 뜻이다. 더 정확히 분석해 보자면, 영국 서민의 가난은 시티 오브 런던으로 상징되는 부자가 가난한 사람을 더 많이 착취했기 때문이었다. 그런데 정작 영국 서민은 가난의 원인인 수직 폭력에 맞서지 않고 '아랍인을 쫓아내자'는 선전에 더 끌렸다. 수직 폭력을 해결하는 것이 아니라, 자기보다 못한 약자를 쫓아내는 수평 폭력을 선택한 것이다.

2016년 미국 대선에서 '막말꾼'으로 불린 도널드 트럼프가 돌풍을 일으키며 당선된 것도 비슷한 맥락이다. 오랫동안 금융자본과 대기업으로부터 착취당해 가난에 몰린 미국 서민은 엉뚱하게도 '우리가 못사는 이유는 멕시코 이민자들이 일자리를 빼앗았기 때문이다. 그러니 멕시코 국경에 거대한 장벽을 세우고 멕시코 사람을 쫓아내자'고 선동한 트럼프의 자극적인 말에 표를 던졌다.

인류 역사를 살펴보면, 안타깝게도 인류가 늘 현명하게 행동한 것은 아니다. 문제의 본질을 애써 외면하고 자기보다 약한 사람을 두들겨 패는 행동으로 감정을 해소하곤 했다. 하지만 파농의 지적대로 수평 폭력으로는 아무 문제도 해결되지 않는다. 문제의 본질은 서민을 가난하게 만든 바로 그 환경에 있고, 서민이 맞서야 하는 대상은 자기보다 약한 이민자가 아니라 자신을 착취하는 수직 폭력이다.

파농은 묻는다. "굶주림, 집값을 못 내 집주인에게 내쫓김, 어머니의 말라붙은 젖가슴, 해골이 앙상한 아이들, 폐쇄된 작업장, 심장 곁을 까마귀 떼처럼 따라다니는 실업자들, 이 속에서 원주민은 매일 살인의 유혹을 받게 된다. 몇 파운드의 밀가루 때문에 얼마나 많은 일이 일어났는가?"

파농은 서민들 사이에서 벌어지는 수평 폭력의 원인이 '가난'이라고 확신했고, 문제를 해결할 방법은 이 지긋지긋한 가난을 없애는 길뿐이라고 믿었다. 오늘날 미국·영국의 서민이 직면한 빈곤은 아랍인과 멕시코인에게 수평 폭력을 행사한다고 해결되지 않는다. 부자는 너무 쉽게 부자가 되고, 가난한 사람은 평생 가난에서 벗어나지 못하는 경제구조를 바꾸는 일이 문제를 해결하는 본질적인 방법이다.

바쁜 나를 위한 한 줄 요약

왜 인간은 약자끼리 폭력을 휘두를까?

인간은 때때로 문제의 본질을 애써 외면하고 자기와 같은 위치에 있으면서도 자기보다 약한 사람을 두드려 패는 행동으로 감정을 해소한다. 그러나 이렇게 '수평 폭력'을 휘두르는 것으로는 아무런 문제도 해결할 수 없다!

돈을 더 주면
직원의 능률이 오를까?

댄 애리얼리의
반도체 공장 실험

성과 연봉제는 직원들의 업무 능력 및 성과를 등급별로 평가해 임금에 차등을 두는 제도다. 이미 대부분의 민간 기업들이 기존의 호봉제에서 벗어나 성과 연봉제를 도입했다. 최근에는 많은 공공 기관들이 이를 도입했거나 확대할 예정이다. 언뜻 생각하면 성과 연봉제는 성과를 내는 만큼 임금을 지급하는 좋은 제도로 보인다. 일을 잘하나 못하나 돈을 똑같이 받는 것보다는 동기 부여가 될 것 같기도 하다. 그러나 댄 애리얼리의 실험 결과는 전혀 다른 이야기를 한다.

연공 서열제 vs. 성과 연봉제

전철을 타면 안타까운 장면이 매일 눈에 띈다. 20·30대 젊은 이들은 물론이고 40대 중년들까지 너나없이 귀에 이어폰을 끼고 뭔가를 열심히 들여다본다. 무엇을 그렇게 열심히들 할까 엿보면, 백발백중 중국어책이나 영어책을 손에 쥐고 있다. 외국어 하나 정도는 제대로 해야 취직이 되고, 경쟁에서 살아남는 사회의 슬픈 단면이다.

서점에서 직장인이 즐겨 찾는 처세술 코너에 가 보면 인기 있는 책 제목에는 대부분 '이기는' 혹은 '승리하는', '살아남는' 따위의 형용사가 붙어 있다. '이기는 영어 회화', '승리하는 중국어', '직장에서 살아남는 엑셀 사용법'…. 도대체 우리는 왜 이렇게 매일 누군가를 이기며 살아가야 할까?

'성과 연봉제'라는 키워드가 종종 경제계를 뜨겁게 달군다. 성과 연봉제란 말 그대로 '직원들의 업무 능력 및 성과를 등급별로 평가해 임금에 차등을 두는 제도'를 뜻한다. 성과를 더 내는 노동자에게 더 많은 돈을 준다는 취지다. '지금까지는 그렇게 안 했어?'라는 의문을 가질 수도 있겠다. 사실 정확히 말하면 우리나라 기업은 지금까지 성과 연봉제를 전적으로 받아들이지 않았다.

노동자를 어떻게 평가하고, 어떻게 대접하느냐를 두고 전 세계적으로 크게 두 가지 제도가 있다. 하나는 미국과 영국을 중심으로 발달한 성과 연봉제다. 직장 상사가 부하 직원의 성과를 평가한 뒤, 성적이 좋은 노동자에게 더 많은 연봉을 안기는 제도다. 이 제도에서는 나이나 근무 기간이 중요치 않다. 그냥 성과만 많이 내면 인정받는다.

또 하나의 제도는 아시아권에서 주로 발달한 연공 서열제다. 이 제도는 회사에서 일한 기간이 긴 노동자를 승진과 보수 면에서 우대하는 제도를 말한다. 특히 일본이 이 제도를 선호했다. 일본 기업은 특유의 가족 문화가 있어서, 일을 좀 잘하건 못하건 상관없이 노동자를 모두 가족으로 대우하는 경향이 강했다. 구성원을 가족으로 여기니 일을 좀 못한다고 해고하는 일도 없고, 어떻게든 정년퇴직할 때까지 일자리를 지켜 주기도 했다.

일본의 영향을 많이 받은 한국 기업도 오랫동안 연공 서열제 중심으로 기업을 꾸려 왔다. 그런데 2016년 정부가 공기업과 공공기관을 중심으로 성과 연봉제를 확산시키겠다고 밝히면서 '경쟁에서 이기는 사람들이 살아남는 사회'가 전면화된 것이다. 이에 대해 노동계에서는 "노동자의 성과를 수치로 표현하는 것은 불가능하며, 성과 연봉제는 일의 성과를 오히려 떨어뜨린다"고 격렬히 반발했다.

성과 연봉제와 반도체 공장 실험

정부가 성과 연봉제를 전면적으로 도입하려는 이유는 간단하다. 일 잘하는 사람을 우대함으로써 전체적으로 성과가 높은 사회를 만들겠다는 취지다. 과연 정부의 뜻대로 될까? 이를 확인하기 위해 댄 애리얼리가 직접 실험에 나섰다.

애리얼리는 이스라엘의 한 반도체 공장을 찾아 직원 207명을 3개 그룹으로 나눴다. 그리고 이 세 그룹에 각기 다른 내용의 이메일을 발송했다. 첫 번째 그룹에는 "평소보다 생산 실적이 좋으면 30달러(약 3만 6,000원)의 성과급을 지급하겠다"는 내용을, 두 번째 그룹에는 "평소보다 생산 실적이 좋으면 피자 한 판을 주겠다"는 내용을 각각 보냈다. 그리고 세 번째 그룹에는 엉뚱하게도 "평소보다 생산 실적이 좋으면 직속 상사로부터 격려 메시지를 받게 해 주겠다"고 알렸다.

이렇게 한 뒤 다음 날 그는 어떤 그룹의 실적이 가장 좋은지를 살폈다. 애리얼리를 초청한 반도체 공장 측에서는 당연히 첫 번째 그룹의 실적이 가장 높을 것이라고 기대했다. 노동자들은 현금 받는 것을 가장 좋아하며, 그 보상을 따내기 위해 열심히 일할 수밖에 없다고 생각한 것이다.

하지만 이 예상은 완전히 빗나갔다. 가장 높은 성과를 올린 쪽은 피자를 받기로 한 두 번째 그룹이었다. 이 그룹의 생산성은 평소보다 6.7%나 향상됐다. 더 놀라운 사실은 2위를 한 그룹이 상사로부터 칭찬을 받기로 한 세 번째 그룹이었다는 점이다. 이 그룹의 생산성 향상률은 6.6%로 피자를 받기로 한 그룹과 거의 차이가 없었다. 놀랍게도 30달러를 받기로 한 그룹의 생산성 향상률은 4.9%

에 그쳐 꼴찌를 기록했다.

결과가 다소 뜻밖이긴 했지만, 이 실험으로 반도체 공장 경영진은 "아무튼 돈이건, 피자건, 칭찬이건 성과에 대해 보상을 늘리면 성과도 올라간다는 이야기지?"라고 결론을 내리려 했다. 하지만 애리얼리의 생각은 달랐다. 애리얼리는 같은 실험을 여러 번 반복한 뒤 또 다른 의외의 결과를 도출했다.

같은 실험을 다음 날 다시 해 보니 30달러 또는 피자를 받은 직원들의 생산성이 뚝 떨어졌다. 30달러를 받은 그룹의 생산성은 무려 13.2%나 폭락했고, 피자를 받은 그룹의 생산성도 5.7%나 낮아졌다.

실험을 반복할수록 이 같은 경향은 더 뚜렷해졌다. 결국 5주 동안 같은 실험을 반복한 결과 현금 30달러를 받은 그룹의 생산성은 평소보다 되레 6.5%나 하락했다. 피자를 받은 그룹의 생산성도 평소와 비교하면 2.1% 떨어졌다. 유일하게 생산성이 높아진 그룹은 칭찬을 들은 그룹이었다. 이들의 생산성은 평소에 비해 0.64% 향상됐다.

불신은 일의 효율을 떨어뜨린다

애리얼리는 실험 결과에 대해 이렇게 설명한다.

"대부분 기업은 노동자에게 성과급을 준다고 하면 생산성이 높아질 거라고 착각해요. 하지만 실제로는 그렇지 않습니다. 생각해 보세요. 물론 '돈으로 보상해 주겠다'는 말이 동기를 부여하기는 합니다. 하지만 동시에 이런 제안은 스트레스를 주는 요인이기도 하죠. 만약 여러분이 누군가에게 '10분 안에 나를 웃기면 10만 달러(약 1억 2,000만 원)를 주겠다'는 제안을 받았다고 해 보죠. 여러분이라면 10분 동안 뭘 하시겠어요? 아무것도 못할 겁니다. 오히려 스트레스만 쌓이지 않을까요?"

그래서 애리얼리는 "직원들이 성과급을 받기 위해 애태우는 것보다, 기업은 업무에 몰입할 수 있는 환경을 조성해 줘야 합니다. 예를 들어 연봉을 기본급 80%, 성과급 20%로 나눈다면 직원들에게 이 20%는 엄청난 스트레스 요인이에요. 이 20%의 걱정을 덜어 줄 필요가 있습니다."라고 지적한다.

애리얼리는 성과급에 대해 이런 충고도 곁들인다. "일을 더 열심히 하면 성과급을 주겠다"는 제안은 "너는 지금 최선을 다하지 않고 있어!"라는 질타를 전제로 하고 있다는 것이다. 이런 제안은 결국 노동자를 무시하고 불신하는 사고를 내포한다.

불신은 일의 효율을 떨어뜨린다. 사람이란 원래 그런 존재다. 누군가로부터 신뢰받는다고 생각할 때 일할 맛이 난다. 즉 사람은 30달러를 받을 때보다, 칭찬을 받을 때 더 열심히 일하고 싶어 한다는 뜻이다.

애리얼리는 자신의 생각을 확인하기 위해 또 다른 실험을 시도했다. 벨기에의 한 대형 제약 회사의 의뢰를 받은 뒤, 이 회사에서 일하는 영업 사원들에게 15유로(약 1만 9,000원)씩 더 주고, 그들이 더 열심히 일하는지 지켜봤다.

다행히(!) 영업 사원들은 돈을 받고 조금 더 열심히 일하기는 했다. 그런데 얼마나 더 열심히 했나 봤더니, 이들이 추가로 쌓은 실적은 한 사람당 5유로(약 6,300원)에 불과했다. 일은 고작 5유로어치 더 했는데 성과급은 15유로나 지불한 셈이었다.

이번에 애리얼리는 다른 영업 사원들에게 똑같이 15유로씩을 주는 대신 색다른 제안을 했다. "이 돈은 당신을 위해서는 쓸 수 없어요. 오로지 당신이 좋아하는 동료에게 선물을 사 주는 데에만 쓸 수 있습니다."라는 전제를 붙였다. 과연 이런 제안에 영업사원들은 열심히 일했을까?

놀랍게도 이번에는 영업 사원들의 생산성이 무려 1인당 17유로로 뛰었다. 15유로를 지불하고 17유로를 벌었으니 회사 입장에서는 분명 성공을 거둔 셈이다.

경쟁이 모든 인간을 행복하게 할까?

도대체 왜 이런 일이 벌어졌을까? 댄 애리얼리는 이렇게 평가한다.

"기업은 흔히 동료애나 책임감, 헌신 같은 사회적 가치를 아주 낮게 평가하는 경향이 있어요. '그런 것들이 무슨 소용이야?'라고 폄하해 버리죠. 그리고 오로지 '돈만 최고다. 돈을 많이 주면 열심히 일한다.'라고 생각합니다. 하지만 천만의 말씀이에요. 사람은 자기의 이익이 걸려 있을 때보다 '동료에게 선물을 할 수 있어!' 같은 연대의 기쁨을 더 크게 생각합니다. 돈보다 동료에 대한 사랑, 믿음, 책임감, 헌신, 칭찬, 이런 요소들이 훨씬 더 사람들의 노동을 가치 있게 만들죠."

성과 연봉제는 근본적으로 '인간은 이기적 존재'라는 전제를 품는다. 그래서 더 많은 성과급을 주면, 노동자는 더 경쟁적으로 일할 것이라고 생각한다. 그런데 애리얼리의 실험에서 나타나듯, 인간은 그렇게 이기적이기만 한 존재가 아니다. "돈 더 줄게. 더 열심히 일해!"라는 말에 의욕을 갖는 게 아니라 스트레스를 받기도 한다. 그리고 노동자는 자신이 하는 일이 사회적으로 가치가 있다고 믿을 때, 나의 동료에게 이익이 된다고 믿을 때 더 헌신하는 경향이 있다. 인간은 협력하고, 동료를 존중하며, 모두의 이익을 위해 나의 이익을 포기하기도 하는 그런 존재라는 뜻이다.

성과 연봉제가 더 효율적인 제도인지에 대한 견해는 분분하다. 하지만 확실한 것이 하나 있다. '경쟁해서 이겨라. 그러면 더 많은 돈을 주겠다.'라는 제안은 결코 모든 인간을 행복하게 하지 못한다는 점이다.

어렸을 때부터 우리가 많이 들어 왔던 단어를 생각해 보자. 학교에서 수없이 들었던 말이 아마 수학, 영어, 수능, 대입, 경쟁…, 이런 단어들일 테다. 그러나 이제 우리 아이들에게는 협력, 우정,

배려, 소통, 이런 단어들을 들려주는 게 어떨까? 인간은 이기려 하는 존재라기보다 협력하려는 존재라는 사실을 한 번쯤 돌아볼 필요가 있다.

바쁜 나를 위한 한 줄 요약

돈을 더 주면 직원의 능률이 오를까?

그럴 것 같지만, 반드시 그렇지는 않다. 오히려 동료에 대한 사랑, 믿음, 책임감, 헌신, 칭찬 등이 훨씬 더 사람의 노동을 가치 있게 만든다.

서로 믿으면
행복한 세상이 된다고?

신뢰 게임

아무리 생각해도 돈을 많이 주는 큰 회사라고 해서 무조건 좋은 것 같지는 않다. 수많은 사람들이 못 다니겠다며 뛰쳐나오니 말이다. 어떤 곳에서 일해야 내가 살 만할까? 신경경제학자 폴 잭은 누군가 나에게 신뢰를 보이면 우리 몸에 옥시토신이 급증해 보답 행위를 유발한다고 말했다. 그렇다면 좋은 직장이란 높은 신뢰 문화가 구축되어 직원들이 자발적으로 일하는 곳 아닐까? 이번에는 '신뢰 게임'을 살펴보며 인간이 행복하게 살아가기 위한 방법을 생각해 보자.

모르는 사람을 얼마나 믿을 수 있을까?

지금부터 행동경제학과 게임이론에서 매우 중요하게 다루는 '신뢰 게임(trust game)'이라는 것을 해 보려고 한다. 이 게임은 미국 아이오와대 경제학과 조이스 버그^{Joyce E. Berg} 교수가 고안한 게임이다. 여러분도 이 게임에 참여한다고 생각하면서 글을 읽었으면 한다. 신뢰 게임은 서로 얼굴을 한 번도 본 적 없는 두 집단 사이에서 진행된다.

먼저 게임에 참가할 100명을 모은 뒤 이들을 두 팀으로 나눈다. 그리고 각 팀에 다른 역할을 준다. A 그룹에는 '제안자', B 그룹에는 '응답자'라는 역할이 부여된다. 이때 주의할 점은 A 그룹 참가자와 B 그룹 참가자는 서로 모르는 사람이어야 한다는 것이다. 이 게임은 온라인으로 진행되기 때문에 상대방의 얼굴을 볼 기회조차 없다.

게임 진행자는 제안자 역할을 맡은 A 그룹 구성원에게 1만 원을 나눠 준다. 자, 일단 공짜 돈이 생겼으니 신난다! 진행자는 A 그룹 구성원에게 "그 1만 원을 B 그룹에 속한 자신의 파트너에게 나눠 줄 수 있습니다. 얼마를 나눠 줄지는 여러분 마음이에요. 한 푼도 안 줘도 되고, 1만 원을 다 줄 수도 있습니다."라고 설명한다.

이 게임에는 단서가 하나 더 붙는다. 제안자인 A 그룹이 얼마를 주겠다고 선언하면, 응답자인 B 그룹에 그대로 가는 것이 아니라 해당 금액의 세 배만큼 준다. 예를 들어 A 그룹 멤버가 B 그룹 파트너에게 5,000원을 주겠다고 제안하면? B 그룹 참가자는 5,000원이 아니라 그 돈의 세 배인 무려 1만 5,000원을 받는다.

이 과정이 끝나면 게임 진행자는 B 그룹에 다시 요청한다. "지금 드린 봉투 안에는 A 그룹 제안자가 준 돈의 세 배가 들어 있습니다. 여러분은 그 돈을 그냥 다 가져도 되고, 보답의 마음으로 일정 금액을 A 그룹 파트너에게 되돌려줘도 됩니다. 물론 얼마를 돌려줄지는 여러분 마음이에요. 한 푼도 안 줘도 되고, 받은 돈을 다 줄 수도 있습니다."라고 말한다.

게임 규칙이 이해되셨는지? 만약 여러분이 A 그룹 제안자라면 얼마를 나눠 주겠나? 그리고 여러분이 B 그룹 응답자라면 얼마를 되돌려주겠나?

믿음은 주고받으면서 커진다

"무슨 게임을 이렇게 복잡하게 만들어 놨어?"라고 투덜대는 여러분의 속상한 표정이 눈에 선하다. 앞서 살펴보았던 최후통첩 게임과 비슷한 듯 더욱 복잡하다. 하지만 조금만 마음을 열고 이 게임을 찬찬히 들여다보면 게임 이름이 왜 '신뢰 게임'인지 금방 이해할 수 있을 테다.

만약 이 게임의 파트너가 내가 잘 아는 사람이라면 결정을 내리기가 아주 쉽다. 내가 제안자 그룹인데, 응답자 그룹의 파트너가 정말 믿을 만한 '절친'이라면? 무조건 1만 원을 다 줘야 한다.

왜냐하면 내가 준 1만 원은 3만 원으로 불어서 친구에게 전달되기 때문이다. 그리고 절친은 받은 돈 3만 원 가운데 최소한 절반(1만 5,000원)을 돌려줄 것이다. 안 돌려줄지도 모른다고? 그러면 그 친구는 절대 절친이 아니다. 당장 절교하고 다른 친구를 사귈 것을 권한다.

만약 응답자 그룹 파트너가 나와 평소에 사이가 아주 안 좋은 못 믿을 녀석이라면? 이때는 절대 한 푼도 줘서는 안 된다. 얼마를 주건 세 배로 불어서 못 믿을 녀석에게 갈 텐데, 그 친구가 돈을 돌려줄 리 없기 때문이다. 돌려줄 수도 있지 않느냐고? 그러면 그 친구는 절대 못 믿을 녀석이 아니다. 아까 그 절친과 절교하고 당장 이 녀석을 새로운 절친으로 삼을 것을 권한다.

정리하자면 이 게임은 파트너가 믿을 만한 인물이라는 확신만 있으면 무조건 많은 돈을 주는 것이 유리하다. 문제는 처음에 밝혔듯이, 파트너가 누군지 아예 모른다는 데 있다. 모든 결정 과정은 온라인을 통해서 이뤄지기 때문에 상대의 얼굴도 볼 수 없다. 당신은 과연 어떤 선택을 할 것인가?

버그 교수가 고안한 이 게임은 매우 다양한 방식으로 수백 차례 후속 실험이 이뤄졌다. 그런데 실험 결과가 대부분 비슷했다. 놀랍게도 대부분의 제안자 그룹 멤버는 한 번도 본 적 없는 응답자 그룹 멤버를 믿고 7,000~8,000원을 나눠 주는 것으로 나타났다.

놀랍지 않은가? 응답자 그룹이 받은 돈을 들고 그냥 도망갈 수도 있는데, 사람들은 1만 원의 70~80%에 해당하는 거금을 생면부지의 사람에게 넘겨줬다. 그렇다면 응답자 그룹은 어떻게 반응했을까? 제안자가 8,000원을 줬다면 응답자는 그의 세 배인 2만 4,000원을 받는다. B 그룹 멤버는 대부분 여기서 깜짝 놀란다. '저 사람이 나를 언제 봤다고 이렇게 많이 나눠 주지?'라고 생각한다.

물론 B 그룹 멤버는 이 돈을 가지고 그냥 집에 가도 된다. 하지만 그들도 놀라운 행동을 한다. 받은 돈 2만 4,000원 가운데 자기가 1만 3,000원을 갖고, 1만 1,000원은 다시 A 그룹 제안자에게 돌려주는 것이다. 이렇게 하면 자기 수입도 1만 3,000원, 제안자의 수입도 1만 3,000원(처음에 가진 2,000원 + 돌려받은 1만 1,000원)이 된다. 즉 응답자인 B 그룹 멤버는 제안자와 수익이 5 대 5가 되도록 돈을 나눴다는 이야기다.

행동경제학자들은 이 실험을 이렇게 해석한다. '신뢰는 주고받으면서 확장된다.' 제안자가 먼저 응답자를 믿고 꽤 큰돈을 보낸다. 이건 무조건적으로 상대를 믿는다는 표시다. 그러면 응답자는 예외 없이 그 돈을 다시 쪼개서 두 사람의 수익이 5 대 5가 되도록 분배한다. 내가 먼저 신뢰를 주면, 상대는 그 신뢰에 보답한다.

실제로 게임에 참여한 사람들에게 물어보면 대답은 모두 비슷했다. 제안자는 "비록 모르는 사람이지만 내가 상대를 믿었는데 설마 상대가 그 돈을 들고 도망가겠어요?"라는 믿음을 보였다. 응답자도 "저쪽이 나를 먼저 믿고 돈을 보냈으니 나도 그에 보답해야

죠. 사람이 염치가 있는데….”라고 답했다.

이 게임에서 다시 한 번 밝혀진 사실은 200년 동안 주류 경제학의 굳건한 믿음이었던 '인간은 이기적이다.'라는 주장은 진실이 아니라는 점이다. 만약 인간이 지독하게 이기적이고 오로지 자신의 이익만을 극대화하려는 존재라면 제안자 그룹은 절대로 응답자 그룹에게 한 푼도 보내지 않았을 것이다. (뭘 믿고 보낸단 말인가?) 응답자 그룹도 세 배로 받은 돈을 절대로 돌려주지 않았을 것이다.

하지만 인간은 그렇게 이기적이지 않다는 것이 이 실험에서 다시 증명됐다. 우리 인간은, 설혹 모르는 사람과 파트너가 돼도 서로를 믿는다. 그리고 이쪽에서 믿음을 주면, 그 믿음은 더 큰 보상으로 돌아온다. 믿음은 주고받으면서 점점 커진다.

인간은 서로를 믿을 때 행복해진다

“매우 흥미로운 실험 소개, 잘 읽었습니다.”라고 말하며 책을 덮지 마시길 바란다. 이야기는 아직 끝나지 않았다. 아니, 어쩌면 본론은 지금부터 시작이다.

신뢰 게임이 발표된 이후 이 게임을 변형한 여러 실험이 이어졌는데, 그중 매우 특이한 실험이 하나 있었다. 경제학에는 신경경제학이라는 분야가 있다. 여기서 '신경'은 짐작한 대로 인간의 감정이나 정신, 호르몬 등을 말한다. 경제학하고는 아무 상관이 없어

보이는 전형적인 이과 학문이기도 하다.

경제학과 신경과학이라는 완전히 달라 보이는 두 학문을 접목시켜 탄생한 것이 신경경제학이다. 이 분야의 대가(大家)는 미국 클레어몬트대학원의 폴 잭Paul J. Zak 교수다. 잭 교수는 인간이 돈에 다양한 반응을 보일 때 신경과학적으로 어떤 변화가 발생하는지를 연구하는 학자다. 그는 앞서 살펴본 신뢰 게임을 진행한 뒤 참가자들의 피를 뽑아 호르몬의 변화를 살펴봤다. (피를 직접 분석하는 방법 때문에 잭 교수는 뱀파이어 경제학자로 불린다!)

신뢰 게임에 따르면, 인간은 의외로 모르는 사람을 굳게 믿는 편이고, 상대방은 그 믿음에 보답하는 것으로 나타났다. 그리고 실험 참가자들의 피를 뽑아 분석했더니 놀랍게도 서로를 믿은 참가자의 피에서 '옥시토신(oxytocin)'이라는 호르몬이 대거 검출됐다.

옥시토신은 사람에게 사랑, 행복, 돌봄 등의 마음을 유발하는 호르몬이다. 이 호르몬이 많이 분비될수록 사람은 더욱 행복감을 느낀다. 실제로 옥시토신은 아이를 낳은 엄마의 뇌에서 대거 분비되는데, 엄마는 이 덕분에 아이를 더욱 잘 돌볼 수 있고 행복해하게 된다. 잭 교수는 상대를 더 신뢰하게 만들고 자신의 행복도 증폭시키는 옥시토신을 가리켜 "사람을 도덕적으로 만드는 분자"라고 말했다.

그런데 이 행복 호르몬이 신뢰 게임에서 나타났다. 제안자 그룹이 돈을 많이 나눠 줬을 때 응답자 그룹의 핏속 옥시토신 수치가 크게 늘어났다. 그들은 '와, 저 사람이 이렇게 나를 믿어 줬어.'라는 생각에 행복감을 느꼈다. 응답자 그룹이 다시 돈을 돌려보내면 제안자 그룹 핏속에도 옥시토신이 많아졌다. '내 믿음이 헛되지 않았어. 이렇게 믿고 사니까 얼마나 좋아?'라는 생각에 제안자 그룹의 행복 수준이 높아진 것이다.

서로를 믿고 신뢰했을 때 행복해진 기억이 다들 있을 테다. 그것은 그냥 이유 없이 느낀 행복이 아니다. 실험 결과 인간은 서로를 믿을 때 행복 호르몬이 분비된다. 그게 우리 인간의 속성이다.

인간이 이기적이라고? 그게 맞고 틀리고를 떠나서, 적어도 인간은 이기적일 때 행복하지 않다. 그래서 신뢰 게임과 옥시토신 실험은 '서로 믿고 사는 행복한 인간 사회'로 향하는 길을 안내해 주는 소중한 경제학 실험이다.

바쁜 나를 위한 한 줄 요약

서로 믿으면 행복한 세상이 된다고?

사람들이 서로 믿을 때 옥시토신이라는 호르몬이 분비되는데, 옥시토신은 사람에게 사랑, 행복, 돌봄 등의 마음을 유발하는 호르몬이다. 서로 믿으면 정말로 행복한 세상이 된다!

왜 사람들은 선거에서
잘못된 선택을 할까?

직관과 이성

경제학자 대니얼 카너먼은 '직관'이 매 순간 판단과 선택을 은밀히 조종한다고 강조했다. 행동경제학의 원조 격인 이 이론을 선거에 적용해 보면 어떨까? 카너먼이 주창한 경제 이론을 우리나라 선거에 적용하여 고민해 보자. 우리는 선거에서 늘 최선의 판단과 선택을 하고 있을까?

'우리가 남이가?'의 추억

지금으로부터 25년 전인 1992년 12월 11일, 부산의 주요 기관 장들이 복어 요리 전문점 '초원복국'이라는 식당에 모였다. 대한민국 제14대 대통령을 뽑는 선거를 불과 일주일 앞둔 시기였다.

이전까지 우리나라 대통령의 출신 지역은 대부분 대구·경북이었다. 제5~9대 대통령 박정희의 고향은 경북 구미, 제11~12대 대통령 전두환의 고향은 경남 합천이지만 졸업한 학교는 대구공업고등학교, 제13대 대통령 노태우의 고향도 대구였다. 대구·경북 출신 정치인이 거의 30년 넘게 대한민국을 좌우한 셈이다.

그러나 1992년 대통령 선거 때는 대구·경북 지역에서 아예 후보조차 내지 못했다. 여당이었던 민주자유당의 후보로는 경남 출신 김영삼 후보가 선출됐고, 야권에서는 호남 출신 김대중 후보가 강력한 대항마로 떠올랐다. 3위권을 달리며 다크호스 역할을 한 통일국민당 정주영 후보의 출신지는 강원도였다. 즉 대구·경북 지역은 30년 넘는 집권 경험을 뒤로하고 대통령을 배출하지 못할 위기를 맞은 것이다. 그 당시 이 지역 주민이 느끼는 상실감은 대단했다. 통상적으로 여당을 주로 지지해 온 그들이었지만, 자기 지역 출신이 아닌 경남 출신 김영삼 후보를 우호적으로 바라보지 않았다. 대구·경북 지역의 지지를 얻지 못하면 김영삼 후보의 당선도 위태로울 지경이었다.

이런 상황에서 김기춘 당시 법무부 장관이 부산으로 내려가 김영환 부산직할시장, 박일룡 부산지방경찰청장 등 지역 주요 기관장을 호출했다. 초원복국에 모인 이들은 경상도와 전라도의 지역감정 구도를 최대한 이용하자는 데 입을 모았다. 대구·경북 지역 유권자의 마음을 얻기 위해 '경상도는 하나'라는 전략을 구사하기로 한 것이다. 세상에 폭로된 이들의 대화는 이랬다.

"부산, 경남, 경북까지, 요렇게만 딱 단결하면 안 되는 일이 없다.", "지역감정이 유치할지는 몰라도 고향 발전엔 도움이 돼.", "하여튼 민간에서 지역감정을 좀 불러일으켜야 돼."

그리고 한국 역사에 지역감정을 자극하는 대표적인 문장으로 각인된 말이 이곳에서 탄생했다. "우리가 남이가?"

우리는 과연 깊이 생각하나?

지금 생각하면 말도 안 되는 선동적 발언이지만, 의외로 초원복국 사건은 여당의 김영삼 후보에게 유리하게 작용했다. 발언이 폭로된 이후 정상적인 상황이라면 여론은 '여당과 정부가 어떻게 노골적으로 지역감정을 조장하려 하나?'라며 분노했어야 했다. 하지만 이 발언이 알려지자 대구·경북 유권자와 부산·경남 유권자는 묘한 연대감을 가졌다. 결국 경상도 전역에서 거의 몰표를 받은 김영삼 후보는 제14대 대통령에 당선되기에 이르렀다.

왜 이런 황당한 일이 벌어졌을까? 지역감정 조장은 분명히 잘못된 일이다. 그런데도 적지 않은 유권자가 이런 선동에 넘어갔다.

'국민을 위해 누구를 뽑을 것인가?'를 깊이 생각하지 않고 단순히 우리 고향 출신이니까, 혹은 옆 고향 출신이니까(우리가 남이가?) 등의 황당한 이유로 소중한 한 표를 행사한 것이다.

이런 일이 벌어지는 이유를 연구한 경제학자가 있다. 2002년 노벨경제학상 수상에 빛나는 대니얼 카너먼이다. 앞에서도 언급했듯이 그는 원래 심리학자였다가 경제학으로 전공 영역을 넓혔으며, 인간이 특정한 선택을 하는 이유를 깊이 연구한 것으로 유명하다. 카너먼에 따르면 사람은 생각할 때 두 가지 패턴을 갖는다. 하나는 '빠르게 생각하기', 다른 하나는 '천천히 생각하기'라는 시스템이다. 예를 한 가지 들어 보자. 누군가 "1 + 1은?" 하고 질문한다면 누구나 1초도 망설이지 않고 "2!"라고 답한다. 그런데 이렇게 답할 때, 과연 사람들은 하나와 하나를 더한 뒤 계산해서 답을 말할까? 천만의 말씀이다. 그냥 직관적으로 "2!"라고 답하는 것이다.

구구단도 마찬가지다. "칠팔은?" 하고 물어보면 숫자 7에 숫자 8을 곱해서 "56!"이라고 답하는 이는 아무도 없다. 1 + 1을 2라고 답하는 이유도, "칠팔은 56!"이라고 답하는 이유도 하나다. 평소에 암기한 내용을 그대로 답했기 때문이다. 바로 이것이 카너먼이 이야기하는 '빠르게 생각하기'다. 그래서 그는 빠르게 생각하기의 가장 큰 특징으로 '직관'을 꼽는다.

반면에 '느리게 생각하기' 시스템은 직관이 아니라 계산과 이성적 판단, 그리고 숙고를 전제로 한다. 예를 들어 "238 + 521은?"

하고 물어보면 우리는 천천히 계산한다. 이때 사용되는 두뇌의 생각 시스템은 1 + 1을 답할 때와 전혀 다르다.

카너먼은 이 두 사고 체계가 완전히 다르다는 의미에서 전자를 '시스템 1(빨리 생각하기 혹은 직관)'이라 부르고, 후자를 '시스템 2(천천히 생각하기 혹은 이성)'라고 부른다.

영향력, 시스템 1 > 시스템 2

퀴즈를 하나 풀어 보자. 여러분도 이 퀴즈의 답을 생각해 보길 바란다. "야구 방망이 1개와 야구공 1개의 가격을 합하면 1만 1,000원이다. 야구 방망이는 야구공보다 1만 원 비싸다. 야구공 1개의 가격은 얼마인가?"

여러분은 얼마라고 답했나? 아마 1,000원이라고 답한 사람들이 적지 않을 것이다. 하지만 1,000원은 정답이 아니다. 야구공이 1,000원이고 야구 방망이가 1만 원이라면 야구 방망이는 야구공보다 9,000원 비싸다. 문제에서는 "야구 방망이가 야구공보다 1만 원 비싸다"고 했다.

이번에는 시간을 두고 천천히 계산해 보자. 초등학교 수준의 산수 문제로 전혀 어렵지 않다. 조금만 시간을 두고 생각한다면 누구나 답을 알 수 있다. 여러분은 답을 찾았나?

그렇다. 정답은 야구공이 500원, 야구 방망이가 1만 500원이다. 이래야 둘을 합쳐서 1만 1,000원이 되고, 야구 방망이가 야구공보다 1만 원 비싸다는 전제도 충족한다. 조금만 신중히 생각해 보면 어려운 산수가 아니다. 하지만 사람들은 그 신중한 생각을 쉽게 선택하지 않는다. 그냥 눈에 보이는 대로, 혹은 직관적으로 답하는 경우가 훨씬 많다. 인간의 비극은 바로 여기서 시작된다.

카너먼은 말한다. "안타깝게도 사람들은 이성적 판단인 시스템 2보다 직관적 판단인 시스템 1에 훨씬 더 큰 영향을 받는다"고 말이다.

시스템 2, '깊이 생각하기'가 필요하다

사람들이 선거에서 잘못된 선택을 하는 이유 가운데 또 다른 요소가 있다. 이 또한 카너먼이 직접 설문 조사를 통해 밝혀낸 내용이다. 갑돌이와 을순이가 지금 똑같이 '신나라자동차'라는 회사의 주식을 보유하고 있다. 그런데 두 사람이 이 주식을 보유한 경로는 조금 다르다. 1년 전에 갑돌이는 '육성전자'라는 회사의 주식을 갖고 있었다. 그러다가 1년 전에 육성전자를 팔고 신나라자동차 주식으로 갈아탄 주주다.

반면에 을순이는 1년 전에도 신나라자동차를 보유했다. 다만 을순이는 1년 전 '이 주식을 팔고 육성전자로 갈아타면 어떨까?'라는 고민을 심각하게 한 적이 있었다. 하지만 결국 결단을 내리지 못하고 지금까지 신나라자동차를 보유하고 있다.

그런데 1년이 지나고 보니 신나라자동차의 주가는 그대로인데, 육성전자의 주가는 갑절이나 뛰었다. 두 사람 모두 땅을 치고 후회할 일이 벌어진 것이다. 1년 전 육성전자를 보유했던 갑돌이가 그때 선택을 바꾸지만 않았다면! 투자금은 두 배로 불었을 것이다. 1년 전 육성전자 투자를 심각하게 고민한 을순이가 그때 선택을 바꿨다면! 역시 투자금은 두 배로 불었을 것이다.

여기서 카너먼이 질문을 던진다. 두 사람 모두 후회스럽겠지만, 실제로 누가 더 크게 후회할까? 논리적으로는 두 사람 모두 똑같이 투자금을 두 배로 불릴 기회를 잃었기 때문에 비슷하게 후회할 것 같은가? 천만의 말씀이다. 설문 조사 결과 '선택을 바꾼 갑돌이가 후회한다'는 답이 무려 92%, '선택을 안 바꾼 을순이가 후회한다'는 답은 고작 8%였다. 즉 사람은 가만히 앉아 있다가 손해를 본 경우보다 선택을 옮기는 적극적 선택을 했다가 손해를 봤을 때 훨씬 후회한다는 것이다.

사실 이런 결과 역시 시스템 1이 시스템 2보다 더 큰 힘을 갖기 때문에 나타난다. 신중히 생각해 보면 똑같은 결과인데, 사람들은 직관적으로 '갑돌이는 그때 왜 그랬을까?'라며 선택을 바꾼 사람을 더 안타깝게 생각한다.

이제 우리는 이 글 처음에 던진 질문, 즉 "사람들은 왜 선거에서 잘못된 선택을 할까?"에 대한 답을 카너먼으로부터 찾을 차례다. 그것은 바로 시스템 1이 시스템 2를 압도하기 때문이다. 사람은 천천히, 이성적으로 생각하기에 앞서 빨리, 직관적으로 결론을 내리는 경향이 강하다. '아, 나는 저 후보와 같은 지역 사람이지? 그렇다면 뭉쳐야지!' 따위의 황당한 직관이 합리적인 사고를 방해한다. 또 사람은 자신의 선택을 바꿨을 때 훨씬 후회한다. 그래서 합리적 결정을 새롭게 내리려 하지 않고, 그냥 쭉 찍어 왔던 대로 같은 당 후보를 찍는다. 자신의 선택을 바꾸는 것을 두려워하기 때문이다.

그래서 카너먼은 시스템 2가 시스템 1의 방해를 뚫고 제대로 작동하기 위한 훈련이 필요하다고 주장한다. 직관적인 생각에 따르지 말고, 천천히, 오래, 깊이, 그리고 무엇이 옳은지 생각하는 습관을 들여야 바른 선택을 할 수 있다는 이야기다.

'내가 ○번 후보를 찍는 이유는 지난번에도 그 번호를 찍었기 때문이야.'라거나 '내가 ○○○ 후보를 찍는 이유는 나와 고향이 같기 때문이지.' 등의 비합리적 '시스템 1'이 지배하는 투표가 부디 사라지기를 바란다.

바쁜 나를 위한 한 줄 요약

왜 사람들은 선거에서 잘못된 선택을 할까?

선거 같은 중요한 일은 합리적으로 판단하여 심사숙고할 것 같지만, 의외로 사람들은 직관적인 선택을 한다. 그러나 이제 깊게 생각하는 습관이 필요한 시점이다!

4장

경제학,
사회의 이치를 꿰뚫다

세상을 바꾸는
부드러운 힘은 무엇인가?

넛지(Nudge)

어린이 사망 사고는 횡단보도에서 많이 일어난다. 하지만 가중처벌 등 엄격한 법 규정만으로는 사고를 예방하는 데 한계가 있다. 이에 시민들이 직접 나서서 학교 근처 횡단보도마다 '옐로 카펫'을 깔고 있다. 옐로 카펫은 바닥과 벽을 노란색 페인트로 칠한 횡단보도 대기 구역이다. 법을 지키라고 '강요'하지도 않았는데, 옐로 카펫을 까는 것만으로도 변화가 생긴다. 이것이 바로 세상을 바꾸는 부드러운 힘이다!

넛지(Nudge)와 행동경제학

현실 정치에 적극적으로 참여하는 대학교수를 이른바 '폴리페서(polifessor)'라고 부른다. 폴리페서는 '정치'를 뜻하는 '폴리틱스(politics)'와 '교수'를 뜻하는 '프로페서(professor)'의 합성어다. 폴리페서는 정권이 바뀌거나 대규모 개각을 앞두면 밤새 휴대전화를 붙들고 전화벨이 울리기를 기다린다고 한다. '혹시 나를 장관으로 불러 주지 않을까?' 하는 기대감 때문일 것이다.

그런데 이와 비슷한 현상이 경제학계에서는 매년 10월에 벌어진다. 이 무렵 미국 아이비리그에 속하는 명문대 경제학과 교수들은 휴대전화를 부여잡고 행여나 벨이 울리지 않을까 노심초사한다. 경제학자에게 주어지는 최고의 명예, 노벨경제학상 수상자가 전화로 통보되기 때문이다.

여담이지만 노벨경제학상에는 매우 짓궂은 구석이 하나 있다. 학문적으로 큰 업적을 남긴 학자가 등장해도 노벨상위원회는 그 학자에게 바로 상을 주지 않는다. 무슨 심보로 그러는지는 모르겠지만, 노벨상위원회는 학자의 업적이 확인돼도 10~20년 뜸을 들인 뒤 상을 준다.

이 때문에 노벨경제학상은 '수명과의 싸움'이라 불린다. 아무리 훌륭한 업적을 남겨도 상을 받을 때까지 살아 있어야 수상의 영예를 얻는다는 이야기다. 물리학이나 의학, 화학 분야에서는 위대한 학자 대부분이 노벨상을 받았다. 하지만 의외로 경제 분야에서는 위대한 경제학자가 노벨상을 받지 못한 경우가 꽤 있다. 몇 년만 더 살았어도 상을 받았을 텐데 아깝게 몇 년 차로 세상을 떠나는 바람에 상을 놓친 학자들이 상당히 된다는 이야기다. 모름지기 노벨경제학상을 받으려면 만수무강해야 할 일이다.

2017년 10월, 영광의 전화벨은 73세인 미국 시카고대 부스경영대학원 교수 리처드 탈러 Richard Thale에게 돌아갔다. 21세기 들어서 행동경제학자들이 대거 노벨상을 받은 것을 감안하면 대니얼 카너먼과 함께 행동경제학의 양대 산맥으로 불리는 탈러의 수상은 충분히 납득할 만한 일이었다.

탈러는 상을 받기 전부터 국내에서 매우 유명한 학자였다. 2009년에 캐스 선스타인 Cass Sunstein과 함께 출간한 저서 『넛지(Nudge)』는 국내에서만 40만 부가 팔린 베스트셀러다. 탈러조차 "한국에서 그렇게 내 책이 많이 팔린 게 놀랍다. 한국을 방문했을 때 골프를 쳤는데 캐디도 내 책을 읽었다더라."라며 즐거워했다는 일화가 있다.

사실 『넛지』가 유명해진 이유는 다른 데 있다. 책 출간 당시 이명박 대통령이 휴가를 떠나기 전에 이 책을 읽고 청와대 참모진에게 선물했다는 소식이 언론을 통해 전해졌기 때문이다. 이런 이유로 2017년 노벨경제학상은 모처럼 우리나라 사람들에게도 친숙한 탈러가 거머쥐었다.

넛지, 소변을 흘리지 않게 하는 방법?

넛지란 원래 '팔꿈치로 슬쩍 찌르다', '주의를 환기하다'라는 뜻의 영어 단어다. 『넛지』라는 책에서 탈러는 '사람들의 선택을 유도하는 부드러운 개입'이라고 넛지를 정의한다.

예를 들어 보자. 에스컬레이터 옆에 '계단을 오르면 건강해집니다'라는 안내 문구를 붙여 놓았다. 그런다고 사람들이 계단을 오를까? 천만의 말씀이다. 계단을 오르면 건강해진다는 사실을 몰라서 안 하는 것이 아니다. 에스컬레이터가 압도적으로 편하니까 타는 거다.

이때 방법을 조금 바꿔 본다. '건강해집니다' 식으로 직접 충고하는 것이 아니라 팔꿈치로 슬쩍 찌르듯 우회하는 방식을 쓴다. 한 계단씩 오를 때마다 각각 다른 노래가 바뀌어 흘러나오도록 장치한다. 이러면 사람들이 신기한 마음에 계단을 이용한다. 계단을 밟을 때마다 새로운 노래가 나오니 얼마나 재미있나! 이런 식으로 사람들이 새로운 선택을 할 수 있도록 부드럽게 개입하는 것을 넛지라고 부른다.

탈러가 넛지를 설명하기 위해 든 예는 공중화장실이다. 남자들만 이해할 수 있는 사례이긴 한데, 공중화장실 소변기 앞에서는 '소변을 흘리지 마세요.', '남자가 흘리지 말아야 할 것은 눈물만이 아닙니다.' 등의 문구가 붙은 모습을 종종 발견한다. 하지만 이런 문구는 별 소용이 없다. 부주의한 남자들은 그런 경고를 봐도 태연히(!) 소변을 변기 주변에 흘린다.

이때 부드럽고 재치 있는 개입, 즉 넛지가 등장한다. 대부분의 남자는 어렸을 때부터 소변을 보면서 무언가 조준하는 놀이를 한 경험이 있다. 여자들이야 '아니, 지저분하게 소변으로 왜 뭔가를 조준해?'라고 의아해하겠지만 실제로 남자들은 그러고 놀았다.

이런 남성의 경험을 이용해 소변기 정중앙에 파리를 한 마리 그려 놓는다. 그러면 '조준 본능'이 있는 남자들은 소변을 그 파리를 향해 조준해서 발사한다. 당연히 흘리는 소변의 양이 줄어든다. 실험 결과 이 간단한 넛지로 소변기 밖으로 튀는 잔뇨를 80% 이상 줄일 수 있었다.

호모 에코노미쿠스에 대한 부정

이쯤 되면 궁금증이 생긴다. 넛지가 무슨 뜻인지는 알겠는데 '튀는 오줌 좀 줄였다고 노벨경제학상까지 줄 건 없지 않나?'라는 궁금증이 그것이다. 사실 탈러가 노벨상을 받은 이유는 튀는 오줌을 줄였기 때문이 아니다. 넛지의 본질은 전혀 다른 곳에 있다.

먼저 현대 주류 경제학에 대해 생각해 보자. 여기서는 인간을 호모 에코노미쿠스(homo economicus), 즉 합리적이고 이기적이며 매우 정확한 계산을 하는 존재라고 전제한다. 그래서 인간은 어떤 상황에서도 정확히 계산한 뒤 유리한 방향으로 정교하게 움직인다고 본다.

이 정확한 인간들이 모인 곳에 시장이 형성된다. 여기에 가격이라는 신의 선물이 첨가되면 자본주의는 완벽하게 합리적으로 돌아간다. 합리적 인간이 참여하는 시장 또한 완벽하다는 결론이 도출된다. 그래서 경제학의 아버지로 불리는 애덤 스미스^{Adam Smith}가 등장한 이후 자유주의 경제학자들은 이 완벽하고 위대한 시장에 정부가 절대 개입하지 말아야 한다고 일관되게 주장했다.

하지만 조금만 생각해 보면 이 주장이 얼마나 어이없는 오류인지 금방 알 수 있다. 밥을 먹을 때 인간이 어떤 반찬을 집어 먹어야 효용이 극대화되는지를 번개같이 계산한다는 것이 말이 되는가? '김치를 먹을 때 효용이 7, 된장찌개를 먹을 때 효용이 6, 그러므로 지금은 김치를 먼저 먹자.'라고 선택한다는 주장은 어불성설이다. 이에 대한 탈러의 이야기를 잠시 들어 보자.

"경제학 서적을 들춰 보면, 호모 에코노미쿠스는 아인슈타인처럼 생각하고 IBM 컴퓨터처럼 뛰어난 기억 용량을 갖고 있으며 간디와 같은 의지력을 발휘할 수 있는 존재처럼 느껴진다. 하지만 대부분의 사람은 그렇지 않다. 우리는 계산기가 없으면 복잡한 나눗셈을 할 때 어려움을 겪고, 종종 배우자의 생일을 잊어버리며, 새해 벽두부터 숙취로 머리를 쥐어뜯는다. 우리는 호모 에코노미쿠스가 아니라 그저 호모사피엔스일 뿐이다."

맞는 말이다. 이것이 인간의 현실이다. 우리는 경제적 인간이 아니고 평범한 사람들이다. 이 사실을 무시했던 주류 경제학은 말도 안 되는 숫자 놀음으로 시장을 신성시했다. 오로지 숫자만이 인간의 행동을 유도할 수 있다고 믿었다. 하지만 행동경제학자 탈러는 이 전제가 황당하다는 사실을 간파했기에 시장은 완벽하지 않다는 결론을 도출했다.

그래서 탈러는 누군가가 시장에 개입해야 한다고 주장한다(그는 이를 '설계'라고 부른다.). 인간도 합리적이지 않고, 시장도 합리적이지 않기 때문이다. 다만 탈러는 개입을 하는 방식이 강압적이어서는 안 된다는 이야기를 하고 싶었을 뿐이다. 그래서 넛지라는 개념을 통해 사람들에게 부담을 덜 주는 방식으로 부드럽게 개입을 하자는 논리를 펼친다.

예를 들어 정부가 국민의 저축률을 높이고 싶어 한다는 가정을 해 보자. 저축률을 높이기 위해 정부가 아무 일도 하지 않고 시장 자율에 맡기는 방법은 당연히 대안이 아니다. 시장은 신이 아니기 때문이다. 반대로 '저축하세요. 저축은 국력이에요!'라고 직접 강제하는 방식도 효과가 크지 않다. 국민은 저축이 국력이라는 사실을 몰라서 저축을 안 하는 것이 아니다. 여유가 안 되니까 못하는 거다.

이때 넛지가 등장한다. 사람들은 월급을 받으면 일정액을 떼서 저축한다. 보통 월급은 1년에 12번 나온다. 그런데 월급을 14번으로 나눠 지급하면 어떻게 될까? 월급 액수가 조금 줄지만 그것 때문에 매월 30만 원 저축하던 사람이 저축액을 28만 원으로 줄이

진 않는다. 귀찮아서라도 그냥 30만 원씩 저축한다. 이게 바로 넛지의 위력이다. 12번으로 나눠 주던 월급을 14번으로 나누는 방식만으로 1년에 60만 원의 저축을 더 유도할 수 있다.

탈러의 넛지가 지향하는 목적은 뚜렷하다. 인간은 모든 현상을 합리적으로 분석하고 계산기처럼 정확하게 답을 산출하는 호모 에코노미쿠스가 아니라는 점이다. 따라서 비효율적인 인간과 비효율적인 시장을 바로잡기 위해 누군가가 부드러운 방식으로 개입해야 한다는 게 넛지의 핵심이다.

경제학에 '인간'을 복원한 시도

심리학을 기반으로 한 행동경제학은 과학으로 위장한 경제학에 '인간'이라는 요소를 다시 첨가했다. 예를 들어 주류 경제학은 조직의 효율을 높이기 위해 인센티브 시스템(성과 연봉제)이나 쉬운 해고를 도입하자고 주장한다. 인간은 돈만 아는 이기적이고 계산적인 존재이기 때문에 이런 시스템만 갖추면 모두가 열심히 일할 것이라고 목청을 높인다.

하지만 행동경제학자들의 연구 결과는 전혀 다르다. 앞서 살펴본 댄 애리얼리의 실험을 통해 알 수 있듯이, 사람들은 인센티브가 있을 때 일을 더 많이 하지 않는다. 오히려 따뜻한 칭찬을 들을 때, 동료애를 느낄 때, 가족 같은 분위기가 형성됐을 때, 명예가 드높아질 때 더 헌신적으로 노동한다.

인간은 돈만 아는 계산적 존재가 아니다. 평범한 이웃이 모여 사는 사회에서 인간은 서로를 돕기도 하고, 실수도 한다. 이 간단한 이해만 있어도 사실 성과 연봉제가 일의 효율성을 높이려는 목적이 아니라, 노동자를 효율적으로 통제하려는 목적을 가진 관리 시스템에 불과하다는 사실을 깨닫게 된다.

2017년 노벨경제학상이 단지 넛지라는 재미있는 이론을 개발한 사람에게 돌아간 것으로만 이해해서는 안 된다. 노벨경제학상이 또다시 행동경제학을 선택했다는 사실은 '인간은 호모 에코노미쿠스이고 시장은 항상 옳다'는 주류 경제학의 전제를 부정하고, 인간 중심의 경제학을 중시한 행동경제학에 대한 존중으로 해석돼야 마땅하다.

바쁜 나를 위한 한 줄 요약

세상을 바꾸는 부드러운 힘은 무엇인가?

비효율적인 인간과 비효율적인 시장을 바로잡기 위해서는 강압적인 힘이 아닌 부드러운 힘이 필요하다. 그것이 바로 '넛지'다!

왜 사회에서
'금수저'가 위험할까?

모노폴리 실험

생활수준, 소득수준을 고려해 수저 색깔로 계급을 나누는 것이 일상화된 요즘이다. 일반적으로 가구 연 수입 2억 원 이상을 금수저, 8,000만 원 정도를 은수저, 5,500만 원 정도를 동수저, 2,000만 원 미만을 흙수저로 칭한다고 한다. 다른 여러 가지 조건도 수저 색깔을 좌우하지만, 돈의 유무가 핵심 조건임은 틀림없다. 그런데 수저 계급이 사회를 위험하게 만든다는 사실을 알고 있는가? 모노폴리 실험을 통해 수저 계급론의 위험성을 살펴보자.

금수저들의 오만과 폭행의 역사

2016년 대림산업 이해욱 부회장의 행동이 세간의 이목을 끈 적이 있었다. 그 당시 48세였던 이 부회장은 'e편한세상'이라는 아파트 브랜드로 유명한 대림산업 창업주의 손자다. 쉽게 말하면 재벌 가문에서 태어난 전형적인 '금수저'다.

그가 세간의 주목을 끈 이유는 운전기사를 시도 때도 없이 폭행한 사실이 언론을 통해 알려졌기 때문이다. 이 부회장과 보름을 지낸 운전기사는 그 기간을 '지옥 같았다'고 표현했다. 출발과 정지 때 차에 진동이 느껴지면 바로 이 부회장의 상욕과 폭행이 시작됐다. "붙여, 이 ×××야.", "이 ××야, 똑바로 못해?" 등의 욕설과 함께 기사의 뒤통수를 가격했다는 것이다. 이 같은 황당한 사실이 알려지면서 네티즌은 성질 급한 그에게 별명을 하나 붙여 줬다. '욱해' 이해욱 선생!

1994년 1월 롯데그룹 가문의 일원인 신동학 씨는 자신과 비슷한 금수저 친구들과 함께 대형차를 몰고 도산대로를 달렸다. 그런데 소형차인 프라이드가 그들의 대형차 앞에 끼어들었다. 그는 친구와 함께 내렸고, 소형차 운전자를 차 밖으로 끌어내 집단 폭행했다. 심지어 이들은 도로변에 있던 벽돌과 화분까지 동원해 상대방을 마구 때렸다. 신 씨는 이후에도 마약 복용, 상습 폭행 등 숱한 사건을 일으켜 '롯데가 낳은 최고 스타는 프로야구 선수 이대호가 아니라 신동학'이라는 말이 나돌 정도의 엽기적인 행각을 보였다.

2010년 SK그룹 최태원 회장의 사촌 동생 최철원 씨는 건물 앞에서 시위를 하던 화물차 운전 노동자를 사무실로 불러 알루미늄 야구방망이로 두들겨 팼다. 야구방망이로 두들겨 맞던 노동자가 "살려 달라"고 빌자, 최 씨는 "그럼 지금부터 한 대에 300만 원씩 준다"며 더 구타했다. 영화 〈베테랑〉에서 재벌 2세 주인공 조태오(유아인 분)가 화물 운송 노동자를 두들겨 패고 돈을 던져 주는 장면은 바로 이 사건을 재현한 것이다.

금수저가 판치는 세상

부모 잘 만나 부족한 것 없이 떵떵거리고 살아가는 사람들이 나날이 늘어나는 추세다. 반면에 가난한 집안에서 태어나 아무런 지원을 받지 못하고 맨몸으로 사회에 진출해야 하는 청년도 많아지고 있다. 이런 양극화 현상이 너무 심각해 우리나라 젊은이들 사이에는 '수저 계급론'이라는 자조 섞인 이야기가 나돈다. 수저 계급론은 개인의 노력보다 부모로부터 물려받은 부(富)에 따라 인간의 계급이 나뉘는 현상을 뜻하는 신조어다. 수저 계급은 크게 금수저와 흙수저로 나뉘는데, '금수저'는 좋은 가정환경과 조건을 가지고 태어난 이들을, '흙수저'는 부모의 능력이나 형편이 넉넉지 못한 이들을 뜻한다.

종합부동산세(9억 원이 넘는 부동산을 보유해야 내는 세금)를 내는 미성년자가 2015년 기준 무려 159명이나 되는 것으로 나타났다.

미성년자가 자신의 노력으로 9억 원이 넘는 부동산을 마련했을 리는 없을 터. 이들 모두 어렸을 때부터 부모로부터 막대한 재산을 물려받은 금수저라는 뜻이다.

또한 국민건강보험공단에 따르면 2016년 7월 기준 기업체 사장으로 등록한 미성년자의 숫자는 무려 206명이었다. 미성년자 사장님들의 연평균 소득은 3,833만 7,244원이었는데, 소득이 가장 많은 10세 소년의 연 소득은 3억 6,000만 원이었다. 4세 어린아이 사장님도 있었다. 이 아이의 연 소득도 1억 6,000만 원이나 됐다.

그런데 우리 사회는 어느덧 이런 뉴스에 무감각해진 듯하다. "한국이 금수저 세상이라는 것을 몰랐어? 금수저들 하는 짓이 다 그렇지 뭐." 하고 웃어넘기는 사람도 있다.

하지만 문제는 그리 간단하지 않다. 이 금수저들이 단지 부모를 잘 만나 떵떵거리고 사는 것이 배가 아파서 하는 이야기가 아니다. 금수저가 양산되는 구조는 사회를 더 악하게 만들고, 구조적으로 처참하게 한다.

모노폴리 실험, 금수저들의 심리를 파헤치다

캘리포니아대 버클리캠퍼스(이하 UC 버클리) 사회심리학과 폴 피프Paul Piff 교수는 몇 년 전 독특한 실험을 시도했다. 세계적인 천재들만 다닌다는 UC 버클리 재학생을 여럿 불러 두 명씩 짝지은 뒤 모노폴리 게임(부루마블과 비슷한 게임)을 하도록 한 것이다. 다만 피프 교수는 게임 규칙을 독특하게 정했다. 갑과 을 두 사람이 게임한다고 가정하면, 게임 규칙을 절대적으로 갑한테 유리하게 만들어 놓았다.

예를 들면 갑은 을보다 두 배나 많은 돈을 지니고 게임을 시작한다. 갑이 사용하는 말은 모양도 휘황찬란한 고급 차량이고, 을의 말은 낡은 신발이다. 갑은 두 개의 주사위를 던지도록 했고, 을은 한 개의 주사위만 사용했다. 갑은 출발선을 통과할 때마다 두 배의 월급을 받았다. 이렇게 규칙을 정해 놓으면 공정한 게임 자체가 안 되게 마련이다. 게임 조건이 갑에게 너무 유리하므로, 무조건 갑이 이길 수밖에 없는 게임인 셈이다.

그 뒤 피프 교수는 몰래카메라를 설치해 갑과 을의 행동을 관찰했다. 관찰 결과는 놀라웠다. 당연히 이기는 게임을 했는데도, 승리를 목전에 둔 갑의 대부분이 매우 거만한 자세를 보인 것이다. "나는 이 돈으로 모든 걸 할 수 있어."라거나, "세상을 다 사 버릴까?"라거나, "야, 너는 이제 큰일 났다."라며 상대를 조롱하고 거만을 떨었다. 가진 돈이 늘어날수록 갑은 점점 더 을에게 무례한 말과 행동을 서슴지 않았다. 을의 처지에 동정심을 보이는 갑은 거의 없었다.

게임이 끝나고 피프 교수는 참가자들과 인터뷰를 진행했다. 갑에게 게임을 마친 소감을 묻자 그들은 공통적으로 "제가 이런 훌륭한 전략을 사용해서 이겼어요!", "우아, 교수님. 저의 이 전략은 정말 대단하지 않았나요?"라며 자신의 뛰어난 능력을 자랑했다. 그들 가운데 누구도 자신의 승리가 애초에 너무 유리하게 정해진 게임 규칙 덕분이었다는 사실을 말하지 않았다. 실험을 마친 뒤 피프 교수는 이런 결론을 내렸다.

"금수저들은 자신의 성공을 환경적 요인이 아니라 노력과 재능 덕분이라고 생각한다."

그들은 누가 봐도 자신에게 유리한 환경이 주어진 덕에 승리한 것을, 자신이 잘나서 혹은 똑똑해서 승리의 영화를 누렸다고 확신했다.

피프 교수는 이외에도 부자와 빈자가 어떤 행동의 차이를 보이는지를 다양한 방법으로 연구했다. 피프 교수는 부유층이 대거 모여 사는 미국 로스앤젤레스 해안가의 횡단보도를 관찰했다. 로스앤젤레스에서는 차량이 횡단보도를 만나면 무조건 정지하는 것이 법이다. 관찰 결과 소형 차량일수록 이 법을 잘 지키는 반면, 최고급 차량일수록 규칙을 무시하고 보행자 앞을 당당히 지나가는 경향이 있었다. 실험에 따르면 부자들은 준법정신도 낮았다.

피프 교수는 '독재자 테스트'라는 유명한 실험도 진행했다. 그는 이 실험에서 참가자를 일단 A와 B 두 그룹으로 나눴다. 그리고 A 그룹 참가자에게는 10달러를 줬고, B 그룹 참가자에게는 땡전 한 푼 주지 않았다. 피프 교수는 A 그룹 참가자에게 "자, 보세요. 저쪽 B 그룹 참가자는 한 푼도 받지 못했습니다. 여러분은 각자 받은 10달러를 저쪽 사람들에게 나눠 줄 수 있습니다. 얼마를 나누느냐는 순전히 여러분의 자유입니다. 아, 물론 한 푼도 안 줘도 됩니다."라고 알려 주었다. A 그룹 참가자는 B 그룹 참가자와 일면식도 없었으며, 앞으로도 만날 일이 절대 없었다. 어떤 결과가 나타났을까?

이 실험 결과도 충격적이었다. A 그룹 참가자 가운데 연 소득이 2,400만 원 이하인 빈곤층은 연 소득 1억 8,000만 원 이상의 고소득자보다 평균 44%나 많은 돈을 나눠 줬다. 부자가 더 많이 나눌 것 같지만, 그들이 훨씬 구두쇠 노릇을 했다는 이야기다.

실험에서 알 수 있듯 대다수의 금수저는 오만하며, 법을 지키지 않고, 심지어 나눔의 정신도 부족하다. 자신보다 사회적 지위가 낮은 사람은 다 자기보다 못난 사람들이며, 멸시받고 천대받아도 괜찮다고 생각한다. 그래서 피프 교수는 이 실험 결과를 발표할 때 강연 제목을 '돈이 당신을 사악하게 만드나(Does money make you mean?)?'라고 지었다.

금수저가 지배하는 세상은 위험하다

금수저가 판치는 사회가 위험한 이유가 바로 이것이다. 금수저의 문제는 단지 그들이 재산을 불공정한 방식으로 차지한다는 대목에서 끝나지 않는다. 금수저는 불공정한 게임의 룰을 이용해서 계속 승승장구한다. 결국 그들은 사회 고위층이 된다.

그렇게 금수저가 사회를 좌지우지하는 위치에 올라서면 이 나라는 어떤 모습이 될까? 그들은 무례하고, 동정심이 없으며, 가혹하고, 거만하다. 한국 사회는 이런 사람의 지배를 받게 될 것이다. 그 사회가 과연 가난한 사람을 동정하고, 이웃과 협동하며, 가진 것을 나누는 협동의 가치를 소중하게 생각할 수 있을까?

한때 우리 사회를 뜨겁게 달군 비선 실세 최순실 씨의 딸 정유라 씨는 명문 대학에 편법으로 입학해 큰 물의를 일으켰다. 정유라 씨는 어머니의 권력을 이용해 2014년 3월 승마 국가 대표 선수로 발탁됐고, 아시안게임 금메달을 딴 뒤 이화여대에 입학했다. 여러 문제가 불거지면서 정 씨가 과거 SNS에 올린 글도 화제가 되었다.

"능력 없으면 너희 부모를 원망해. 있는 우리 부모 가지고 감 놔라 배 놔라 하지 말고. 돈도 실력이야. 불만이면 종목을 갈아타야지."

바로 이런 것이다. '돈도 실력이다.', '좋은 부모 만난 건 내가 잘난 덕이다.'라고 생각하는 사람이 좋은 대학을 나오고 높은 지위를 차지한다. 만약 정유라 씨가 사회 고위층이 됐다면 그는 가난을 딛고 어떻게든 살아가려고 애쓰는 사람들을 한심하게 생각하고 무례하게 멸시했을 것이다.

실험을 진행했던 피프 교수는 이렇게 묻는다. "돈이 당신을 얼마나 사악하게 만드느냐?"라고. 한국 사회는 이 질문에 어떻게 대답할지 준비해야 한다. 돈과 부가 아무런 대가 없이 대물림되는 세상, 금수저가 버젓이 유리한 조건을 이용해 사회 고위층이 되는 세상, 이런 세상은 결코 공정하지 않다. 공정하지 않은 세상을 바로 잡아야 하는 분명한 이유가 여기에 있다.

바쁜 나를 위한 한 줄 요약

왜 '금수저'가 위험할까?

금수저들은 자신의 성공을 환경적 요인이 아니라 노력과 재능 덕분이라고 생각한다. 이렇게 무례한 금수저들이 사회 지도층이 되면 가난한 이들을 업신여기고 무시할 것이며, 사회는 구조적으로 더욱 처참해질 것이다.

왜 뇌물과 사교육은
사라지지 않을까?

죄수의 딜레마

2013년 방송된 드라마 〈너의 목소리가 들려〉에서는 진술이 엇갈리
는 쌍둥이 형제의 범죄 사실을 변호사와 검사가 '죄수의 딜레마' 작
전으로 밝혀내는 모습이 나왔다. 이처럼 죄수의 딜레마 모델은 범
죄자의 진술을 이끌어 낼 때 쓰인다. 이것을 우리 사회에 만연한 사
교육·뇌물 문제에 연결시켜서 생각해 볼 수도 있다.

죄수의 딜레마, 주류 경제학에 대한 담대한 도전

오랫동안 주류 경제학은 '인간은 이기적이고, 모든 인간이 이기적으로 선택하면 경제는 더 발전한다'고 주장했다. 그런데 이 신념을 깨는 중요한 모형이 천재 수학자로 불린 존 내시John Nash에 의해 등장했다. 내시는 '죄수의 딜레마'라는 모형을 기반으로 인간이 이기적인 선택을 했을 때 오히려 모두에게 손해가 날 수 있다는 이론을 발표했다. 경제학자가 아닌 수학자 내시에게 1994년 노벨 경제학상이 돌아간 이유가 바로 이것이었다. 내시의 새로운 이론은 이기적 인간을 칭송해 온 주류 경제학을 단번에 뿌리부터 뒤흔들었다.

죄수의 딜레마 모델은 이렇게 전개된다. '갑돌이'와 '을순이'가 은행을 털다가 잡혔다고 가정하자. 밝혀진 죄목을 따지면 갑돌이와 을순이는 3년 동안 옥살이를 해야 한다. 그런데 이들을 체포한 경찰의 생각은 다르다. 아무리 생각해 봐도 이 둘이 최소한 은행 두 곳 이상은 털었을 것 같다는 심증이 든다. 경찰은 갑돌이와 을순이에게 여죄를 털어놓으라고 다그친다. 하지만 죄를 자백하면 3년 형이 아니라 10년 형을 살게 되는 갑돌이와 을순이가 죄를 자백할 리는 만무하다.

이때 경찰이 사용하는 방법이 죄수의 딜레마다. 경찰은 두 사람을 각각 다른 방에 가둔 뒤 갑돌이에게 이렇게 이야기한다. "갑돌 군, 나머지 죄를 자백하세요. 자백하면 갑돌 군을 무죄로 풀어 주겠습니다." 놀란 갑돌이가 "자백하면 저를 풀어 준다고요? 그런데 내가 죄를 자백하면 을순이는 어떻게 되나요?"라고 묻는다.

이때 경찰은 이렇게 답한다. "좋은 질문이군요. 갑돌 군이 먼저 자백하면 갑돌 군은 무죄로 풀려나지만, 을순 양은 사형을 받게됩니다. 그런데 한 가지 조건이 있어요. 갑돌 군이 풀려날 수 있는 조건은 갑돌 군이 을순 양보다 먼저 자백을 할 때에만 적용됩니다. 우리는 을순 양에게도 똑같은 제안을 할 거예요. 만약 을순 양이 먼저 자백하면 을순 양은 풀려나겠지만 갑돌 군이 사형을 당하죠."

경찰은 을순이에게도 똑같이 속삭인다. "갑돌 군을 배신하세요. 갑돌 군보다 먼저 자백해야 당신이 풀려납니다. 만약 갑돌 군보다 늦게 배신하면 당신은 사형을 당하게 될 거예요."

배신만이 정답이 되는 죄수의 딜레마

이런 상황에 처한 갑돌이와 을순이는 어떤 선택을 할까? 죄수의 딜레마 모형을 가동해 보자. 죄수의 딜레마 모형에서 갑돌이와 을순이는 모두 자신에게 유리한 선택만 하는 이기적 존재라고 가정한다.

먼저 내가 갑돌이라고 전제한 뒤 전략을 짜 보자. 갑돌이는 두 가지 상황 즉 '① 을순이가 배신하고 나머지 죄를 자백했을 때'와 '② 을순이가 배신하지 않고 침묵을 지켰을 때'를 고려해야 한다.

①의 상황, 즉 을순이가 배신했을 때 갑돌이가 할 수 있는 행

동 역시 두 가지다. '①-1 갑돌이도 동시에 배신하고 자백한다.'와 '①-2 갑돌이는 의리를 지키고 배신하지 않는다.'이다. 이 가운데 어떻게 행동하는 것이 이기적 인간에 걸맞을까?

당연히 ①-1을 선택해야 한다. 동시에 자백하는 경우 죄가 낱낱이 밝혀지기 때문에 갑돌이와 을순이 모두 10년 형을 받게 된다 (동시에 자백했으므로 사형을 당하는 사람은 없다.). 하지만 ①-2를 선택하면 을순이는 무죄로 풀려나지만, 갑돌이는 사형을 당한다. 10년 형이 유리할까, 사형을 당하는 게 유리할까? 이건 말할 필요도 없다. 당연히 죽는 것보다 사는 게 더 유리하다. 따라서 갑돌이는 무조건 ①-1을 선택해야 한다.

이번에는 '② 을순이가 배신하지 않고 침묵을 지켰을 때'를 생각해 보자. 이때에도 갑돌이가 할 수 있는 행동은 두 가지다. '②-1 갑돌이가 을순이를 배신하고 자백한다.'와 '②-2 갑돌이는 의리를 지키고 배신하지 않는다.'이다. 갑돌이는 어떻게 행동해야 할까?

이때도 당연히 ②-1을 선택해야 한다. 갑돌이만 자백하면 그는 무죄로 풀려날 수 있기 때문이다(만세!). 반면에 의리를 지킨답시고 ②-2를 선택하면 갑돌이, 을순이 모두 자백하지 않았으므로 애초에 받기로 한 3년 형을 살아야 한다. 무죄와 3년 형 가운데 무엇이 더 유리할까? 이것도 당연히 무죄가 더 유리하다. 따라서 갑돌이는 이때에도 ②-1을 선택해야 한다.

이건 을순이도 마찬가지다. 즉 죄수의 딜레마 모형에서는 갑돌이건 을순이건 동료를 배신하고 자백하는 게 유리하다. 그래서 실제로 이 모형을 가동하면 갑돌이와 을순이는 조금도 망설이지 않고 죄를 동시에 털어놓는다.

서로를 믿고 신뢰했다면, 그래서 죄를 말하지 않았다면 3년 형만 살아도 될 갑돌이와 을순이는 자기만 살겠다고 이기적인 선택을 하는 바람에 둘 다 10년 형을 살게 된다. 갑돌이와 을순이의 백지장 같은 얇은 의리가 빚어낸 슬픈 사랑 이야기는 이렇게 마무리된다.

왜 뇌물로 문제를 해결하려 할까?

한국 사회는 뇌물과 갑질이 만연한 곳이다. 2014년 검찰 수사에 따르면, 한 TV 홈쇼핑 업체의 임직원들은 납품업체로부터 뇌물을 받아 이혼한 전처 생활비나 아버지의 도박 빚까지 처리했다.

납품업체 입장에서 홈쇼핑 채널은 분명히 갑이다. 밉보이기라도 하면 자기 회사 제품을 홈쇼핑에서 팔아 주지 않을 것이 뻔하기 때문이다. 그렇다고 반드시 뇌물을 주어야만 할까? 납품업체들이 을의 위치인 것은 알겠는데, 다 같이 뇌물을 안 주면 될 것이다. 문제는 이게 말처럼 쉽지 않다는 데 있다.

뇌물 수수 상황을 죄수의 딜레마 모형으로 해석해 보자. 홈쇼핑 회사가 아침 시간에 팔 물건을 정하기로 했다. 그런데 홈쇼핑 담당자가 뇌물을 좋아한다는 소문이 자자하다. 갑돌이와 을순이는 모두 이 홈쇼핑을 통해서 물건을 팔고 싶어 하는 납품 회사 사장이다.

이제 갑돌이와 을순이는 끝없이 고민하기 시작한다. 만약 갑돌이와 을순이 모두 뇌물을 주지 않고 공정하게 경쟁한다면 경쟁에서 승리할 확률은 50%다. 반대로 둘 다 같은 액수의 뇌물을 홈쇼핑 담당자에게 줬다고 가정해도 경쟁에서 승리할 확률은 여전히 50%다. 둘 다 똑같이 뇌물을 줬기 때문에 누구에게도 유리하지 않다.

그런데 이들은 왜 뇌물을 줄까? 죄수의 딜레마 때문이다. 갑돌이 입장에서 생각해 보자. 갑돌이는 '① 을순이가 뇌물을 줬을 때'와 '② 을순이가 뇌물을 주지 않고 공정하게 경쟁에 참가했을 때'를 다 고려해야 한다.

그런데 '① 을순이가 뇌물을 줬을 때' 갑돌이가 뇌물을 주지 않는다면 경쟁의 승자는 을순이가 된다. 반대로 갑돌이도 동시에 뇌물을 줬다면 경쟁에서 승리할 확률은 50%다.

어떤 선택을 해야 할까? 당연히 뇌물을 주는 쪽을 선택해야 한다. 뇌물을 주지 않으면 무조건 패하지만, 뇌물을 주면 최소한 50%의 승리 확률이 생기기 때문이다.

이번에는 '② 을순이가 뇌물을 주지 않고 공정하게 경쟁에 참가했을 때'를 생각해 보자. 이때 갑돌이가 뇌물을 준다면 승리는 무조건 갑돌이의 차지다. 반면에 갑돌이도 뇌물을 주지 않고 공정하게 경쟁에 참가한다면 승리 확률은 50%가 된다. 어떤 선택을 해야 할까? 이때도 당연히 뇌물을 주는 쪽을 선택해야 한다. 뇌물만 주면 100% 승리하지만, 뇌물을 주지 않으면 이길 확률이 50%로 뚝 떨어지기 때문이다.

그래서 이런 상황이 오면 갑돌이와 을순이는 모두 조금도 주저하지 않고 뇌물을 준다. 하지만 결과적으로 뇌물은 아무 효과가 없다. 둘이 동시에 뇌물을 줬기 때문에 경쟁에서 이길 확률은 여전히 50%다. 갑돌이와 을순이 모두 헛돈을 쓴 셈이라는 이야기다. 하지만 헛돈을 쓰더라도 뇌물을 안 줄 수가 없다는 것이 죄수의 딜레마가 안겨 주는 고뇌다.

사교육 시장이 결코 망하지 않는 이유

한때 상류층의 사교육을 낱낱이 파헤친 드라마 〈SKY 캐슬〉의 열풍이 분 적이 있다. 꼭 상류층이 아니라도, 우리나라 청소년들은 참 힘들게 산다. 왜 청소년들은 학교 교육을 꼬박꼬박 다 받고 나서 지친 몸을 이끌고 학원으로 달려가야 할까? 공부하는 시간을 좀 줄이고, 꿈을 키우는 교육을 받을 수는 없을까? 그런데 그게 말처럼 쉽지 않다. 한국에서 유난히 번성하는 사교육 또한 이 죄수의 딜레마 상황이기 때문이다.

사교육을 받으면 성적이 오를까? '아무래도 안 하는 것보다는 나을 것'이라는 생각이 든다. 하지만 나뿐 아니라 모두가 같은 생각을 갖고 있다면 어떤 일이 벌어질까? 모두 다 사교육을 받는다면 결국 성적이 오를 확률도 사라진다. 성적은 상대평가로 주어지는 것인데, 모든 사람이 사교육을 받았으니 사교육을 안 받았을 때보다 내 성적이 높아질 확률이 거의 없는 것이다.

그렇다면 모두 함께 사교육을 받지 않는 것이 사회 전체적으로 분명히 더 행복한 선택이다. 공교육을 정상화시키고, 청소년 시기에 배워야 할 놀이 문화를 통해 공동체성을 더 강화할 수 있다.

그런데 아무도 "내가 먼저 사교육을 받지 않겠어요."라고 선언하지 못하는 상황이다. 그 이유가 뭐냐고? 죄수의 딜레마를 떠올리면 된다. 사람들은 친구가 사교육을 받건 안 받건 나는 무조건 사교육을 받는 게 유리하다고 판단한다. 이런 이유로 모든 사람이 동시에 사교육을 받는다. 그 결과 받아 드는 성적표는 모두가 사교육을 받지 않았을 때와 동일하다. 괜히 사교육을 받는다고 헛돈만 쓴 것이다.

죄수의 딜레마는 개인에게 모든 선택권을 주면 결과적으로 사회 전체의 이득이 되레 감소하는 황당한 상황을 잘 설명한다. 개인은 분명 가장 유리한 방향으로 선택했는데 결과는 오히려 가만있느니만 못하다.

이 딜레마 상황을 막는 방법은 딱 하나다. 개인에게 맡겨 두지 않고 사회 전체적으로 가장 효율적인 방법을 찾아 강제하는 것이다. 예를 들어 뇌물 수수는 국가가 개입해 강력히 규제해야 한다.

뇌물이 오가는 족족 적발해서 그들을 감옥에 보내야만 죄수의 딜레마 상황이 사라진다. 사교육도 마찬가지다. 개인에게 맡겨 둬서는 사교육은 영원히 줄어들지 않는다. 국가가 사교육 시장에 개입해 모두가 합리적 수준의 선택을 할 수 있도록 강제해야 한다.

역사적으로 이런 주장을 펼치면 많은 경제학자는 '국가가 시장에 개입하면 효율성이 사라진다'며 반박해 왔다. 하지만 죄수의 딜레마가 우리에게 주는 교훈은 분명하다. 모든 것을 개인에게 맡긴다고 해서 언제나 사회 전체적인 만족도를 높이지 않는다는 것이다. 전체적으로 합리적인 통제를 할 수 있는 사회와 국가가 필요한 이유는 바로 여기에 있다.

바쁜 나를 위한 한 줄 요약

왜 뇌물과 사교육은 사라지지 않을까?

'나만 뇌물을 안 주면 경쟁에서 뒤떨어질 거야.', '내 자식만 사교육을 안 받으면 뒤처질 거야.'라는 생각 때문이다. 그러나 결국 모두 뇌물을 주고 모두 사교육을 받으면, 헛돈을 쓴 것일 가능성이 높다.

어떤 프레임을 짜야
선거에서 승리할까?

프레임 이론

집에 들어갔는데 동생이 격하게 코를 파고 있었다. 동생은 민망해하며 "나 코 판 것은 못 본 거로 해. 앞으로 생각하지 마."라고 말한 뒤 방으로 들어갔다. 동생의 프라이버시를 지켜 주고 싶은 마음에 애써 생각하지 않으려고 노력했지만, 이상하게도 그 장면이 머릿속에서 떠나지를 않았다. 결국 저녁때 식사하며 부모님께 말씀드렸다. "엄마 아빠, 얘가 코 하나는 시원하게 잘 파더라." 동생은 울고 말았다. 왜 점점 동생이 코를 파는 장면이 머릿속에서 선명해졌을까?

갑철수와 MB 아바타의 추억

"문재인 후보에게 묻겠습니다. 제가 갑철수입니까, 안철수입니까?"

2017년 4월 23일 벌어진 대선 후보 TV 토론에서 안철수 후보가 문재인 후보에게 던진 질문이다. 문 후보가 "다시 말해 달라"고 요청하자 안 후보는 "제가 갑철수입니까?"라고 반복해서 물었다.

'갑철수'란 '갑질을 하는 안철수'라는 뜻으로, 당시 안 후보를 공격하는 데 사용된 키워드 가운데 하나였다. 안 후보는 자신이 '갑철수'로 불리는 것이 심히 불쾌했던지 '갑철수'라는 단어를 네 번이나 사용하며 문 후보를 추궁했다.

이어진 토론에서는 'MB 아바타'라는 말이 튀어나왔다. 이 단어를 먼저 꺼낸 쪽도 안 후보였다. 'MB'는 이명박 전(前) 대통령을 가리키는 말이었고, MB 아바타는 '기업인 출신 안철수 후보가 이명박 전 대통령과 다를 바 없다'는 뜻으로 만들어진 말이었다. 안 후보는 문 후보를 향해 "제가 MB 아바타입니까?"라고 질문 공세를 편 뒤 토론에서 이 단어를 무려 여섯 번이나 사용했다.

갑철수, 혹은 MB 아바타로 불리는 것에 분노한 안 후보의 마음을 모르는 바는 아니다. 하지만 이것이 현명한 선거 전략이었을까? 그는 온 국민이 지켜보는 TV 토론에서 자기 입으로 이 단어를 모두 합쳐 열 번이나 사용했다.

그래서 안 후보는 갑철수, 혹은 MB 아바타라는 오명을 썼어

냈느냐? 안타깝게도 그러지 못했다. 이튿날 오전 주요 포털 사이트 실시간 검색어는 1위 갑철수, 2위 '갑철수 뜻' 등으로 도배됐다. 안 후보는 얼굴을 붉혀 가면서 자신의 입으로 온 국민에게 갑철수와 MB 아바타라는 말들을 열렬히 홍보한 셈이다.

이후 갑철수와 MB 아바타는 선거 기간 내내 안 후보를 악령처럼 따라다녔다. 한때 문 후보와 여론조사에서 오차 범위 내 접전을 벌였던 그는 결국 3위라는 참담한 성적표를 받고 대선 레이스를 마무리해야 했다.

생각하지 말라니 더 생각나네

언어학자 조지 레이코프George Lakoff는 선거에서 '프레임(frame)'이 얼마나 중요한 역할을 하는지 깊이 연구한 인물이다. 프레임이란 하나의 틀이다. 그리고 선거는 후보자가 어떤 틀을 짜느냐에 따라 승패가 결정된다는 것이 레이코프의 주장이다.

이기기 위해서는 자신의 프레임에서 싸워야 한다. 자신이 만든 틀에서 싸우면 이기지만, 반대로 상대가 만든 틀에 갇혀 싸우면 진다. '똥개도 자기 집 앞에서 싸우면 반은 이기고 들어간다'는 이야기가 있지 않은가?

레이코프는 자신의 저서 『코끼리는 생각하지 마』에서 상대방의 프레임에 갇히는 것이 얼마나 위험한지를 역설한다. 그에 따르면, 사람의 뇌 구조는 '무언가를 생각하지 마!'라고 강요받을수록 그 '무언가'를 생각하게끔 설계돼 있다.

예를 들어 누군가가 우리에게 "코끼리를 생각하지 마세요."라고 호소했다고 치자. 우리는 그 호소를 받아들여 "네, 앞으로 코끼리는 생각하지 않을게요."라고 답했다. 그런데 그게 가능할까? 아무리 코끼리를 생각하지 않으려 해도 코끼리는 머리에서 떠나지 않는다. 아니, 오히려 코끼리 생각이 더 난다.

'저 사람은 왜 코끼리를 생각하지 말라고 했을까? 아니다. 코끼리는 생각하지 말아야 하지? 그래, 지금부터 코끼리를 생각하지 말자. 코끼리는 생각하지 않아야 해…. 코끼리, 코끼리….'

이렇게 계속해서 코끼리만 생각하게 된다. 인간의 뇌가 그렇기 때문이다. 생각하지 말아야 한다고 다짐하는 순간, 그 생각이 머리에서 떠나지 않는다. 그래서 레이코프는 선거 때 상대방이 씌운 프레임에 빠져, 상대의 공격에 변명하고 설명하는 것을 최악의 선거 전략이라고 지적한다. 아무리 논리적으로 상대의 공격에 대해 해명해도, 유권자의 머릿속에서 코끼리 이미지는 더 강해질 뿐이다.

안철수 후보는 자신이 갑철수나 MB 아바타가 아니라는 사실을 열심히 설명했지만, 사람들의 머릿속에는 갑철수와 MB 아바타라는 이미지만 남았다. 상대가 만든 프레임에 갇히는 오류를 범한 셈이다.

어떻게 '지렁이 프레임'을 극복할까

상대가 씌운 프레임에 허우적거리는 것이 얼마나 바보 같은 전략인지를 잘 설명해 주는 마케팅 사례가 있다. 1978년 미국 패스트푸드 업계의 선두 주자 맥도날드는 출처를 알 수 없는 괴소문으로 큰 곤욕을 치렀다. 맥도날드가 지렁이 고기로 햄버거 패티를 만든다는 소문이었다.

지렁이 햄버거를 먹고 싶은 사람이 있을 리가 없다. 당연히 맥도날드의 매출액은 폭락했다. 당황한 맥도날드는 동원 가능한 모든 홍보 채널을 통해 "햄버거 패티에 결코 지렁이 고기를 쓰지 않는다"는 장황한 설명을 늘어놓았다. 심지어 "지렁이 고기를 쓰면 오히려 쇠고기를 쓸 때보다 원가가 더 높아져 그런 일을 할 리가 없다"는 반론도 덧붙였다. 그리고 모든 맥도날드 매장 앞에는 다음과 같은 커다란 안내문을 붙였다.

"Our hamburger meat does not contain earthworms(우리 햄버거에는 지렁이가 들어 있지 않아요.)."

하지만 이 멍청한 마케팅 전략은 불에 기름을 끼얹은 듯 상황을 악화시켰다. 사람들은 "지렁이 패티가 쇠고기 패티보다 더 비싸대.", "정말? 어떻게 그럴 수 있지?"라는 대화를 이어 갔다. 그러면서 끊임없이 햄버거와 지렁이를 연상했다.

매장 앞에 붙은 안내문 또한 지렁이를 떠올리는 도구 노릇을 할 뿐이었다. 고객들은 안내문을 보고 '햄버거에 지렁이가 안 들어 있다고? 아 맞다. 맥도날드 햄버거에 지렁이가 들었다는 소문이 있었지.'라고 상기하며 발걸음을 돌렸다. 맥도날드 매출액은 폭락을 거듭했다. 맥도날드는 '코끼리는 생각하지 마' 프레임에 걸려든 것이다.

맥도날드는 위기를 탈출하기 위해 엄청난 돈을 들여 연구를 거듭했다. 맥도날드가 찾아낸 해법은 두 가지였다. 하나는 '다른 고급 레스토랑 햄버그스테이크에도 지렁이 고기가 들어 있다'는 헛소문을 내는 것이었다. 만약 헛소문을 냈다면 사람들의 머릿속에서 맥도날드 지렁이 햄버거는 사라지고, 다른 대형 레스토랑 지렁이 스테이크가 더 강력하게 자리 잡았을 것이다. 물론 맥도날드가 이 전략을 사용하지는 않았다. 일단 이런 행동은 불법이기 때문이다.

그렇다면 맥도날드가 사용한 실제 전략은 무엇이었을까? 맥도날드는 지렁이 햄버거를 설명하는 태도를 멈추고, 새로 개발한 밀크셰이크와 감자튀김을 집중적으로 홍보하는 전략을 사용했다. 물론 이 전략은 헛소문을 내는 첫 번째 전략보다는 강도가 약했다. 하지만 어쨌든 맥도날드는 이런 홍보 전략을 통해 지렁이 햄버거라는 '코끼리 이미지'를 소비자의 머릿속에서 지우는 데 성공했다.

이 사례가 전해 주는 교훈은 하나였다. 특정 프레임에 갇힐 위험에 처했을 때 제일 훌륭한 전략은 자신만의 언어로 새 프레임을 만드는 것이다. 반면에 가장 바보 같은 전략은 그 프레임이 사용하는 언어로 반복해서 해명하는 행위다.

프레임을 벗어나기 위해서는 해명해서는 안 된다. '코끼리를 생각하지 마세요!'라고 말해서도 안 된다. 아예 '코끼리'라는 단어를 싹 지우고, 완전히 새로운 프레임을 세워야 한다.

새로운 프레임으로 승리한 사례들

상대가 씌운 프레임에서 벗어나 자신만의 프레임으로 승리를 거둔 두 가지 사례가 있다. 첫 번째는 대공황을 극복하고 미국 최초로 4선 대통령에 오른 프랭클린 루스벨트Franklin Roosevelt의 사례다. 루스벨트는 1936년 재선(再選) 도전 선거에서 큰 곤경에 빠졌다. 거의 모든 언론이 반(反)루스벨트를 선언했고, 자신이 속한 민주당 내부에서도 그를 공격하고 나섰다.

그가 펼친 여러 복지 정책이 사회주의 정책과 비슷하다는 것이 루스벨트에 대한 공격의 요지였다. 심지어 연방 대법원조차도 "루스벨트의 뉴딜(New Deal) 정책(대공황을 타개하기 위해 정부가 적극적으로 시장에 개입해 국민의 소득을 높이는 루스벨트의 정책)이 사회주의적 정책이어서 헌법에 위배된다"는 판결을 내렸다. 공화당에서는 아예 '루스벨트는 사회주의자'라는 프레임을 들고나왔다.

이때 루스벨트는 '나는 사회주의자가 아니며 뉴딜 정책도 사회주의 정책이 아니'라는 해명을 절대로 하지 않았다. 사회주의라는 단어를 사용하는 순간, 사회주의라는 프레임에 걸려든다. 그는 자신을 사회주의자로 모는 프레임에 일절 반응하지 않으면서 '수많은 독점기업이 경제적 특권을 장악하고 있으며, 독점과 수구 세력들이 변화와 개혁을 막는다'는 프레임을 앞세웠다.

이 강력한 새로운 프레임이 선거 판의 주요 이슈로 떠오르자 사회주의 프레임으로 공격한 공화당이 되레 '독점기업의 폐해가 크지 않다'며 해명하고 나섰다. 하지만 해명할수록 국민들에게 독점기업이라는 말은 더 강하게 각인됐다. 이 선거에서 루스벨트는 압승을 거뒀다. 상대의 프레임에서 벗어나 자신만의 프레임으로 선거 판을 옮겨 온 전략이 멋지게 적중한 것이다.

프레임을 바꿔 선거를 승리로 이끈 또 다른 사례는 1992년 미국 대선 때 나타났다. 그 당시 공화당 출신의 현역 대통령인 조지 부시George H. W. Bush는 전쟁과 범죄에 대한 공포를 퍼뜨려 선거에서 표를 모으려 했다. 하지만 민주당 후보인 빌 클린턴Bill Clinton은 이런 공포 조장 시도에 일절 반응하지 않았다. 그리고 클린턴은 미국 대선 역사상 길이 남을 구호로 프레임을 단숨에 바꿔 버렸다. "It's the economy, stupid(문제는 경제야, 바보야!)!"가 바로 그것이다.

실제로 당시 미국 경제는 침체에서 벗어나지 못했다. 대부분의 유권자가 경제난에 신물을 느꼈다. 이런 상황에서 클린턴이 "문제는 경제야, 바보야!"라는 강렬한 문장으로 경제를 물고 늘어지면서 선거 프레임은 삽시간에 뒤집혔다. "바보야!" 한마디는 부시가 그토록 프레임으로 만들기를 원한 전쟁에 대한 공포가 아니라

경제난에 대한 공포를 사람들에게 심어 줬다. 그리고 클린턴은 그 선거에서 승리를 거뒀다. 이런 사례에서 알 수 있듯이 선거이건 마케팅이건 레이코프가 프레임 이론을 통해 전달하고자 한 메시지의 핵심은 이것이다.

'상대가 가두려고 하는 프레임에서 싸우지 말라. 이기고 싶다면 자신만의 새로운 프레임을 만들라!'

바쁜 나를 위한 한 줄 요약

어떤 프레임을 짜야 선거에서 승리할까?

상대방 진영이 씌우는 부정적인 이미지, 프레임에 갇히면 안 된다. 상대방의 공격에 신경 쓰지 말고, 자신만의 새로운 프레임을 만들어야 한다!

좋은 직원을 뽑으려면
어떻게 해야 할까?

신호 이론

한 기업의 면접장. 긴장된 표정의 면접자에게 면접관들이 질문을 한다. 그런데 아무 말 없이 내 얼굴만 바라보던 한 사람이 면접관에게 조용히 귓속말을 한다. "저 지원자는 이마가 좁고 코가 휘었네요. 회사에 오래 다니지 못할 상입니다." 이런 상황이 벌어지면 얼마나 황당할까? 회사는 지원자를 판단하기 위해 말도 안 되는 미신을 믿는 대신, 제대로 된 면접 질문을 던질 필요가 있다. 그러면 무슨 질문을 던져야 지원자의 인성과 능력을 제대로 판단할 수 있을까?

역술인에게 기업을 맡기다니

삼성그룹 창업주 이병철 회장은 살아생전 인재를 채용할 때 재미있는 일화를 남겼다. 1960~1970년대 그는 신입 사원을 뽑는 자리에 관상가이자 역술인으로 이름을 떨친 함양의 박 도사(실명은 박재현)를 대동했다. 관상가에게 입사 지원자의 관상을 보게 한 뒤, 그 결과를 바탕으로 사람을 뽑았다는 이야기다.

이병철 회장은 박재현 씨의 재주를 매우 아꼈다고 한다. 1970년대 초반, 이 회장은 박 씨와의 첫 만남에서 복채로 부산 국제시장에 점포 한 채를 내줄 정도로 그를 신뢰했다. 실제로 박 씨는 1970년대에 삼성그룹의 고문을 지냈는데, 당시 연봉이 무려 6,000만 원이었다. 500만 원이면 중소 도시에서 집 한 채를 살 수 있던 시절이니, 역술인 박 씨가 이 회장으로부터 얼마나 극진한 대접을 받았는지 충분히 짐작할 수 있는 대목이다. 박 씨가 관상을 본 뒤 삼성에 직간접적으로 추천한 인재가 1,700여 명이나 된단다. 그의 영향력이 실로 막대했다는 사실을 알 수 있다.

2013년 회삿돈 수백억 원을 빼돌려 구속된 SK그룹 최태원 회장에게도 숨겨진 일화가 있다. 최 회장은 회사 공금을 수시로 빼돌렸는데, 그 돈을 사용한 곳이 황당하게도 여의도에서 역술인으로 이름을 떨친 김원홍이라는 인물이었다. 그는 당시 여의도 증권가에서 신통력을 발휘해 미래의 주가를 알아맞히는 것으로 유명했다. 최 회장은 김 씨의 이런 능력을 매우 높게 평가했고, 빼돌린 회삿돈을 그에게 맡겨 큰돈을 벌려고 했다. 최 회장은 김 씨를 SK해운의 고문으로 임명할 정도로 그에게 살가운 애정을 드러냈다.

하지만 미래의 주가를 맞히는 신통력이 세상에 존재할 리는 당연히 없다. 김 씨의 거짓 신통력은 곧 들통났고, 최 회장은 횡령 액수를 점차 늘리다가 결국 검찰에 덜미를 잡히고 말았다. 최 회장은 2013년 재판 당시 법정에서 이렇게 진술했다.

"내가 뭐에 홀렸던 것 같다. 나 스스로 사기당했다는 사실을 인정하기 어려웠다."

어떻게 정보의 불균형을 해결할까

글로벌 기업을 이끄는 재벌 총수가 이런 황당하고 어리석은 일을 저질렀다는 사실은 매우 놀랍다. 역술인이 관상을 보고 인재를 선별한다는 사실 자체가 코미디에 가깝지 않은가? 역술인의 말을 믿고 회삿돈을 빼돌려 투자를 맡기는 행태의 한심함은 더 말할 필요조차 없다. 그런데 선택의 기로에 놓인 경영자는 종종 이런 미신에 의지한다. 도대체 그들은 왜 이런 황당한 일을 벌일까? 이에 대한 연구를 수행하는 경제학 분야가 있다. '정보경제학(information economics)'이라는 분야가 그것이다.

정보경제학의 전제는 이렇다. 결정을 내려야 하는 사람이 있다. 문제는 이 사람이 결정을 내리기까지 충분한 정보를 알지 못했을 때 생긴다. 이병철 회장이 직면한 인재를 뽑는 선택이 비슷한 경우다. 수많은 지원자가 "뽑아만 주시면 목숨 바쳐 일하겠습니다!"라고 외친다. 문제는 그 후보자들이 정말로 충분한 능력이 있는지, 혹은 진짜로 뽑아만 주면 회사를 위해 목숨 바칠 정도로 충성심이 있는지에 대해 회장님은 아무런 정보가 없다는 데 있다. 난생처음 보는 젊은이인데 회장님이 무슨 수로 제대로 된 정보를 알 수 있단 말인가? 반면에 입사 지원서를 낸 지원자는 전혀 다른 위치에 서 있다. 지원자는 자기가 유능한 사람인지 무능한 사람인지, 혹은 뽑아만 주면 목숨 바쳐 일할 의지가 있는지 없는지를 정확히 알고 있다. 자신에 대해 모를 리가 없다는 이야기다.

바로 이 상황을 정보경제학에서는 '정보 불균형 상태'라고 부른다. 그리고 이런 정보 불균형 상태는 신입 사원을 뽑아야 하는 회장님에게 매우 곤혹스럽다. 아무런 정보도 얻지 못한 채 수천 명 가운데 '유능하고 충성심 높은 인재'를 뽑는다는 것이 얼마나 어려운 일인가?

신호와 검증, 정보 불균형을 극복하는 과정

정보 불균형 문제에 관한 연구로 2001년 노벨경제학상을 수상한 마이클 스펜스Michael Spence 뉴욕대 교수는 젊은 시절 미국 최고의 명문 대학인 하버드대에 입학했다. 그런데 정작 스펜스는 하버드대에서 별로 배울 것이 없다고 느꼈다. 유명한 교수들의 강의를 들어 봐도 기대치보다 수준이 너무 낮았다.

스펜스는 이때부터 고민을 시작했다. '아니, 이 형편없는 강의를 듣기 위해 내가 고등학교 때 그렇게 열심히 공부한 거야? 나는 도대체 왜 하버드에 오려고 내 청춘을 바친 거지?'

냉정히 말해서 청년 시절 스펜스의 고민은 매우 합리적이었다. 더군다나 요즘은 인터넷이 발달해서 웬만큼 중요한 지식 정보는 모두 검색을 통해 얻을 수 있다. 서울대나 하버드대 같은 명문대를 다닌다고 더 훌륭한 지식을 얻는 것이 아니라는 이야기다.

그렇다면 사람들은 왜 기를 쓰고 명문대에 가려고 할까? 이에 대한 스펜스의 답은 이렇다. 하버드대건 서울대건, 사실 그곳에서 배우는 지식의 양은 대단하지 않다. 그런데도 사람들이 기를 쓰고 그곳 졸업장을 따려는 이유는 바로 졸업생들이 '내가 하버드를 나올 정도로 훌륭한 사람이야.'라는 사실을 과시하고 싶기 때문이라는 설명이다. 대학을 졸업한 청년들이 일자리를 얻기 위해 취업 전선에 나섰을 때, 인재를 채용하려는 회사 측에서는 지원자에 대한 정보가 거의 없다. 지원자 가운데 누가 유능한지를 알 길이 없다는 의미다. 이때 하버드대 졸업장은 채용 담당자에게 중요한 신호를 전한다. '응시생 132번은 하버드를 나왔군. 음, 그렇다면 이 사람은 매우 똑똑할 가능성이 높겠는데?'라는 긍정적인 관점을 심어 준다는 것이다.

스펜스는 취업 준비생처럼 자신에 대한 정보를 완벽히 알고 있는 사람이 정보가 부족한 상대에게 정보를 제공하는 행위를 '신호(signal)'라고 부른다. 정보가 부족한 기업 입장에서는 지원자에게 '자, 당신에 대한 정보를 내놓으세요.'라며 신호를 보낼 것을 요청한다. 그리고 신호를 받은 회사는 이 신호 가운데 무엇이 가치가 있고, 무엇이 쓸데없는 신호인지를 분류해야 한다. 이처럼 받은 신호를 분석하는 과정을 스펜스는 '검증(screening)'이라고 부른다.

가치 있는 신호를 요구하라

이때 기업이 해야 할 가장 중요한 일은 지원자들에게 '정확하고 가치 있는 신호'를 요구하는 것이다. 이 부분이 핵심이다. 요구하는 신호가 쓰레기에 가까우면, 그 신호를 백날 검증해 봐야 지원자를 제대로 평가할 수 없다.

예를 들어 면접관이 지원자에게 "당신은 우리 회사를 사랑하나요?" 따위의 질문을 했다고 가정해 보자. 이런 질문이 세상에서 가장 쓸데없는 질문이다. 취업 지원자가 "아니요, 저는 평소에도 늘 귀하의 회사를 쓰레기라고 생각했습니다."라고 답할 확률이 몇 퍼센트나 될까? 장담하는데 아무도 그렇게 대답하지 않을 것이다. 지원자 모두 "저는 어렸을 때부터 이 회사를 사랑했고, 오직 이 회사에 입사하는 것이 제 인생의 꿈이었습니다."라고 답할 테다.

그렇다면 '나는 이 회사를 사랑합니다.'라는 지원자의 신호는 회사 측에 어떤 정보를 전달했을까? 안타깝게도 이 과정을 통해 회사에 전달된 지원자에 대한 정보의 양은 '제로'다. 아무 정보도

전달되지 않았다. 왜냐하면 지원자가 제공한 '저는 이 회사를 죽도록 사랑합니다.'라는 신호가 사실인지 거짓인지를 확인할 길이 없기 때문이다.

왜 이런 일이 벌어졌을까? 질문이 잘못됐기 때문이다. 정보가 부족한 쪽이 정보를 독점한 쪽을 올바로 평가하기 위해서는, 응답자가 대답할 때 비용을 치를 만한 질문을 해야 한다. "우리 회사를 사랑하느냐?"라는 질문에 지원자가 "그럼요. 정말 사랑합니다."라고 답하는 데에는 아무런 비용이 들지 않는다. 당연히 지원자는 자기에게 가장 유리한 결과가 나오도록 답변을 조작한다.

따라서 정보 불균형 상황에서 응답자가 공짜로 거짓말할 수 있는 질문은 아무런 의미가 없다. 대신 이런 질문을 해야 한다. "지금 CNN 뉴스를 틀어 볼 테니 동시통역을 해 보세요."라는 질문이 좋은 사례다. 지원자는 이 질문에 거짓을 답할 수 없다. 거짓을 답하면 바로 들통난다. 지원자는 이 질문을 통과하기 위해 비용을 치러야 한다. 평소 돈과 시간을 들여 영어 공부를 열심히 해야 한다는 뜻이다. 정보가 부족한 쪽은 정보를 독점한 쪽에 이런 신호를 요구해야 한다. 상대를 파악하려면 그가 그동안 얼마나 노력했고, 얼마의 실력을 길렀는지를 확인할 수 있는 질문을 던져야 한다.

신호 이론을 기반으로 한 꿀팁을 하나 추가로 제공한다. 연애를 하고 있다면 귀담아들을 만한 꿀팁이 될 것이다. 상대가 나를 정말로 사랑하는지 궁금하다. 이때 "정말로 나를 사랑해?"라고 묻는 것은 바보 같은 짓이다. 누가 "아니, 나 너 정말 별로라고 생각하는데!"라고 답하겠나? "나를 얼마나 사랑해?"라는 질문도 쓸데없기는 마찬가지다. 당연히 상대방은 "나는 너를 하늘만큼 땅만큼 사랑해."라고 답할 테니까!

그렇다면 어떤 질문을 해야 할까? 신호 이론의 가르침대로 공짜로 거짓말할 수 있는 신호는 버려야 한다. 질문에 답할 때, 비용을 치르는 답을 요구해야 한다. 예를 들면 이런 말이다.

"나를 정말 사랑한다면 한 달 안에 살을 10kg 빼!"

이런 요구가 바로 제대로 신호를 요구하는 질문이 된다. 상대는 사랑을 입증하기 위해 비용을 치러야 하기 때문이다. 그런데 만약 이 요청을 듣고 상대가 거절하면 어떻게 하냐고? 그렇다면 상대가 나를 별로 사랑하지 않을 가능성이 크니 관계를 정리할 것을 진지하게 권한다.

일본군 '위안부' 문제, 어떻게 해결해야 할까?

틧포탯 전략

일본은 과거사에 대해 반성할 기미가 도무지 보이지 않는다. 악행을 저질렀다는 인정과 미안하다는 사과 없이, 얼마간의 돈으로 과거의 잘못을 마무리 지으려 한다. 우리 정부는 일본 정부의 뻔뻔함에 어떻게 대처해야 할까? 이럴 때 경제학 용어인 '틧포탯' 개념이 도움이 될지도 모르겠다. 틧포탯은 탁구 경기를 하는 것처럼 맞받아치는 상황이나 전략을 가리킨다. 즉 '받은 만큼 갚아 준다'는 말이다. 틧포탯을 중심으로 정의로운 사회를 만들기 위한 방법을 고민해 본다.

물에 빠진 개를 구하지 말고 두들겨 패라고?

「광인 일기」, 「아큐정전」 등을 쓴 중국의 문학가 겸 사상가 루쉰魯迅은 1929년 「페어플레이는 아직 이르다」라는 글을 발표했다. 이 글에는 "사람을 무는 개가 물에 빠졌을 때, 그 개를 구해 줘서는 안 된다. 오히려 더 두들겨 패야 한다. 그러지 않는다면 개가 뭍에 나와 다시 사람을 문다."라는 대목이 있다. 루쉰은 나중에 "원래 제목을 '물에 빠진 개는 두들겨 패야 한다'로 지으려다가 너무 모나 보여서 고쳤다."라고 회고했다.

1926년 3월 18일, 중국 정부가 학생과 시민이 벌인 평화 시위를 무력 진압하면서 47명이 사망하는 일이 벌어졌다. 이른바 3·18 사태. 1927년에는 4·12 대학살로 불리는 국민당 정권의 만행이 있었다.

이 와중에 지식인으로 불린 소설가 겸 문학평론가 린위탕林語堂이 "보복할 것이 아니라, 관용과 타협으로 용서하고 과거는 잊어버리자."라는 요지의 글 「페어플레이를 하자」를 발표했다. 루쉰의 「페어플레이는 아직 이르다」는 바로 린위탕의 글에 대한 반론이었다.

루쉰이 주장한 '철저한 보복과 응징'은 3·18 사태 때 아끼는 제자들을 잃은 그의 뜨거운 마음에서 출발한 것일지도 모른다. 그래서 '평화주의자'를 자처하는 많은 사람은 '루쉰이 좀 과한 것 아닐까?'라고 생각하며 고개를 갸우뚱한다. 물론 반려동물을 사랑하는 동물 보호론자도 루쉰의 주장에 동의하기 어려운 것은 마찬가지일 테다.

하지만 경제학의 게임이론에 따르면, 루쉰의 이 같은 보복적 태도는 사회 전체적으로 편익을 높이는 데 매우 유용한 전략이다. 이런 보복 전략을 경제학에서는 '팃포탯(tit for tat)' 전략이라고 부른다. 영어로 tit은 가볍게 툭 친다는 뜻이며, tat 역시 그와 비슷하게 가볍게 때린다는 의미를 갖는다. 즉 팃포탯은 '상대가 먼저 툭 치면 나도 맞받아서 툭 친다.'라고 해석된다.

보복도 전략이 된다

팃포탯 전략을 우리말로 번역하면 "눈에는 눈, 이에는 이"쯤 된다. 이 전략은 매우 단순하다. 상대가 공정하게 게임을 하면 우리도 공정하게 상대를 대하고, 상대가 비열하게 나오면 우리도 비열하게 되받아치는 것이다. 여기서 중요한 게 있다. 단지 배신당했기 때문에 열받아서 보복하는 게 아니라, 보복이 사회적으로 매우 유용하기 때문에 한다는 점이다.

앞서 '죄수의 딜레마'를 이야기한 적이 있다. 이를 다시금 떠올려 보자. 두 범죄 용의자를 각각 다른 방에 가둬 놓고 "동료보다 먼저 범죄 사실을 말하면 감형해 주겠다. 대신 네 동료가 너보다 먼저 범죄 사실을 말하면, 네 동료는 감형받지만 너는 중형을 받게 된다."라고 위협한 뒤 결과를 보는 것이다.

게임이론에 따르면, 각각 다른 방에 갇힌 범죄 용의자는 동료를 배신하고 범죄행위를 자백하는 것이 유리하다는 판단 아래 범죄 사실 전부를 털어놓는다. 그래서 동료를 신뢰했다면 무죄로 풀려날 가능성이 있던 두 용의자가, 동시에 서로를 배반하는 바람에 모두 중형을 받게 된다.

로버트 액설로드Robert Axelrod라는 미국 정치학자는 이 모델을 실전에 적용했을 때 어떤 결과가 나타날지를 실험한 적이 있다. 그는 죄수의 딜레마 상황을 한 번이 아니라 여러 번 반복하면 죄수들이 어떤 전략을 구사하는지 보고 싶었다.

액설로드는 여러 참가자에게 반복적으로 죄수의 딜레마 상황을 준 뒤 어떤 전략으로 나서는지를 살펴봤다. 참가자들은 수많은 전략을 만들어서 제출했다. 단순한 전략부터 매우 복잡한 전략까지 많은 전략이 등장했다. 그런데 놀랍게도 우승자는 가장 단순한 전략을 제출한 토론토대 수리심리학과 교수 애너톨 래퍼포트Anatol Rapoport였다. 래퍼포트의 전략이 바로 지금 우리가 살펴볼 '팃포탯'이다.

사실 대회가 끝난 뒤 주최자 액설로드는 래퍼포트의 지독히 단순한 전략이 우승을 차지한 것에 놀란 나머지 다시 한번 똑같은 대회를 개최했다. 두 번째 대회에서도 우승은 래퍼포트가 제출한 팃포탯이 차지했다.

팃포탯은 어떤 전략인가?

다음은 팃포탯의 네 가지 핵심 전략이다.

① 우선 나의 출발은 언제나 신사적이어야 한다. 즉 죄수의 딜레마 상황에서 첫판은 상대를 배신하지 않고 협력(범죄 사실을 말하지 않는다.)하는 것으로 시작한다는 뜻이다. 내가 먼저 상대편을 속이거나 배반하지 않는다는 것, 이것이 팃포탯 전략의 맨 처음 태도다.

② 상대가 이전 판에서 나를 배신했다면, 나는 다음 판에서 반드시 배신으로 보복한다. 즉 상대가 배신하면 반드시 똑같은 방식으로 보복하는 것, 이것이 팃포탯 전략의 핵심 태도다.

③ 팃포탯 전략을 사용한다는 사실을 만천하에 공표한다. 이 전략은 매우 단순해서 상대가 나의 전략을 알아차릴 가능성이 매우 높다. 하지만 팃포탯은 나의 전략을 결코 숨기려 하지 않는다. 오히려 상대가 이 전략을 알아차리게 하는 것이 핵심이다. 상대로 하여금 '아, 내가 배신하면 다음 판에서 반드시 보복당하겠다.'라는 사실을 알아차리게 해야 한다.

④ 상대가 이전 판에 협력적으로 나오면 나는 반드시 과거를 묻지 않고 용서해 준다. 과거에 99판을 배신한 상대라도 한 판이 협력적이라면 다음 판에는 나도 반드시 협력으로 응대한다. 여기서 중요한 점은 상대의 "나 이번에 협력할게."라는 사탕발림에 선뜻 협력해서는 안 된다는 점이다. 나의 협력은 상대가 반드시 지난 한 판

을 온전히 협력했을 때, 그다음 판에 내가 협력으로 응대하는 방식이어야 한다.

죄수의 딜레마 게임에서 우승한 래퍼포트의 전략도 이렇다. 그는 죄수의 딜레마 게임 첫판에서 일단 신사적으로 상대방에게 협조하며 출발한다. 즉 범죄 사실을 말하지 않은 것이다. 그리고 상대가 앞 판에서 범죄 사실을 털어놓으며 나를 배신했다면, 래퍼포트는 반드시 다음 판에서 배신으로 응징한다. 반대로 상대가 죄를 말하지 않고 나에게 협조했다면, 그는 반드시 다음 판에서 입을 다물고 상대에게 협조한다.

이 전략이 우수한 이유는 상대로 하여금 배신을 두려워하게 만들고, 협력하는 것이 모두에게 유리하다는 점을 인지시킨다는 점에 있다. 상대의 인격이 어떻든 상관없다. '내가 배신하면 반드시 다음 판에 배신당한다. 반대로 내가 협력하면 반드시 상대가 다음 판에 협력으로 보답한다.'라는 확신이 있다면, 상대는 협력이 배신보다 우수한 전략이라고 판단하고 자연스럽게 반칙을 멈춘다.

적절한 보복이 정의로운 사회를 만든다

'보복'이라는 단어의 끔찍함만 잠시 잊을 수 있다면, 경제학적으로 보복 전략은 사회를 정의롭고 협동적으로 만드는 데 매우 유용하다. 왜냐하면 '내가 배신하면 반드시 보복을 당하는구나.' 하는 두려움이 있어야, 사람은 배신을 멈추고 협동에 나서기 때문이다.

이는 인류 문명의 역사를 살펴봐도 분명히 드러난다. 예를 들어 독일은 제2차 세계대전 당시 나치스에 협력한 부역자들을 색출해 엄중히 죄를 물었다. 지은 죄에 대해 독일 사회가 분명한 보복을 가한 것이다. 이 과정을 통해 독일은 나치스의 그늘에서 완전히 벗어날 수 있었고, 국제사회로부터 신뢰도 얻었다. 더 이상 독일에서 나치스 어쩌고 말하면서 다니는 사람들은 사회에 발을 붙일 구석이 없게 되었다.

반면에 제2차 세계대전 때 독일과 같은 전범 국가인 일본은 제대로 된 반성은커녕 제국주의 부역자들을 오히려 전쟁 영웅으로 취급했다. 죄를 단죄하지 않았기에 일본은 아직도 욱일기의 망령에서 벗어나지 못했고, 여전히 전쟁을 꿈꾸는 제국주의자의 후손이 사회 요직에 앉아 있다. 일본이 독일과 달리 아시아권 여러 국가로부터 지금도 정서적인 견제를 받는 이유는 이것이다.

우리나라 역시 비슷한 딜레마를 겪었다. 한국은 역사에 죄를 지은 사람들을 단죄하지 못했다. 친일파 청산 문제만 해도 그렇다. 약 70년 동안 이 문제는 제대로 처리되지 않았다.

'친일파를 단죄하고 그들의 재산을 몰수하자'는 주장이 나올 때마다 "살기 위해 친일 좀 한 걸 갖고 뭘 단죄씩이나 해?"라거나, "아니 언제 적 이야기를 또 들먹이고 있어?"라거나, "미래를 위해 화합을 해야지, 왜 자꾸 과거에 매달리는 거야?"라는 식의 물타기가 어김없이 등장했다. 그 결과 친일파에 대한 보복적 단죄는 대부분 실패로 돌아갔다.

그런데 이런 보복이 실패로 돌아간 이후, 우리 사회에는 정의를 존중하는 마음이 사라졌다. 친일파가 해방 이후 버젓이 사회 고위층으로 자리 잡아 기득권이 된 것이다. 심지어 조상이 친일로 모은 재산을 더 많이 물려받겠다며 그 자손들이 국가를 상대로 소송을 제기하는 경우도 있었다.

이러면 사회는 분열되고 정의가 요원해진다. 일본이 돈 몇 푼 던져 주며 일본군 '위안부' 문제를 합의하려고 시도했을 때, 일각에서 이를 태연히 받아들인 이유가 여기에 있다. 만약 친일이라는 범죄를 우리가 역사적으로 제대로 단죄했다면, 일본이 던져 준 고작 10억 엔(약 100억 원)이라는 초라한 합의금에 우리나라가 미동할 이유조차 없다.

하지만 우리 사회는 친일파의 사회적 보복(단죄)을 미뤘고, 그들은 지금도 버젓이 사회에서 큰 영향력을 행사한다. '엄마부대'라는 단체의 대표가 "내 딸이 위안부로 끌려갔어도 일본을 용서했을 것"이라는 참담한 말을 늘어놓으며 한일 일본군 '위안부' 합의에 찬성한 것도 이런 이유다.

'신상필벌(信賞必罰)'이라는 말이 있다. 공을 세우면 상을 주고, 죄를 지으면 벌을 준다. 상대가 배신하면 반드시 보복하고, 상대가 협조하면 반드시 협력으로 응하는 팃포탯은 그래서 사회 정의를 세우는 매우 훌륭한 전략이다.

'상대가 죄를 지었어도 미래를 위해 서로 협력하고 용서하자'는 말은, 일견 사랑이 넘쳐 보일지 모르지만 행동경제학적으로는 옳은 전략이 아니다. 죄를 지었으면 단죄해야 한다. 그래야 그 죄의 반복을 멈출 수 있다. 루쉰이 "페어플레이는 이르다"고 단언한 이유가 바로 여기에 있다.

바쁜 나를 위한 한 줄 요약

일본군 '위안부' 문제, 어떻게 해결해야 할까?

눈에는 눈, 이에는 이. 어떨 때는 보복 전략이 유용하다. '내가 배신하면 반드시 보복을 당하는구나' 하는 두려움이 있어야, 사람은 배신을 멈추고 협동에 나서기 때문이다.

'노오력'을 하면
인생이 바뀔까?

마시멜로 테스트

우리 사회의 교육 현실을 풍자한 드라마 〈SKY 캐슬〉이 한동안 화제였다. 비록 드라마가 아닐지라도, 얼마나 많은 학생들이 소위 좋은 대학에 가기 위해 몸부림치는지 모른다. 그런데 대학을 가는 것으로 끝이 아니다. 취업을 위해서도 밤낮없이 공부해야 한다. 회사에 가서는 자기계발의 고삐를 늦추지 않아야 잘리지 않는다. 아, 요즘 사회에서 살아남으려면 '노력' 가지고는 안 된다. 그야말로 '노오력'을 해야 한다. 그러면, '노오력'하면 정말 인생이 바뀔까?

노력과 인내가 성공의 지름길?

어떤 사람이 사회적으로 성공을 거둘까? 수많은 연구가 있겠지만 특히 유명한 것이 있다. 바로 1966년 스탠퍼드대 심리학과 월터 미셸Walter Mischel 교수가 실시한 '마시멜로 테스트'다. 이 연구 결과는 책으로도 엮여 국내에서도 베스트셀러에 오른 바 있다.

연구를 요약하자면 이렇다. 심리학에는 '만족지연(delay of gratification) 능력'이라는 용어가 있다. 더 큰 결과를 얻기 위해 지금 당장의 욕구를 참는 능력을 말한다. 눈앞의 만족을 뒤로 미룰 인내력이 있느냐 없느냐가 만족지연 능력의 핵심이다.

이 능력은 훈련에 의해서 발달된다. 만족지연 훈련을 받지 못한 서너 살 아이들은 마트에서 사고 싶은 장난감을 보면 그 자리에서 뒹굴어 버린다. "이번에 참으면 어린이날에 두 배 큰 걸로 사줄게."라고 아무리 설명해도 소용없다. 이들에게는 당장의 만족을 어린이날까지 지연시킬 능력이 없기 때문이다.

미셸 교수의 연구는 유아의 만족지연 능력을 확인하기 위한 실험이었다. 미셸 교수는 자신의 딸이 다니던 스탠퍼드대학교 부설 유치원 소속 원아 90여 명을 모은 뒤 이들을 한 명씩 고립된 방으로 불렀다.

그 방에는 달콤한 마시멜로가 놓여 있었다. 선생님은 아이에게 "저거 먹어도 되는데, 15분만 참으면 선생님이 마시멜로를 하나 더 줄게."라고 약속했다. 성인이라면 너무 쉬운 테스트다. 당연히 성인은 15분을 참을 것이다. 그러면 마시멜로가 두 개로 늘어나기 때문이다.

하지만 네 살짜리 아이들은 이를 참지 못한다. 머리로는 '15분만 참으면 마시멜로가 두 개로 늘어나!'라는 사실을 알지만 감정 조절이 안 된다. 실험에 참여한 아이들 중 15분을 참은 아이들도 있지만, 많은 아이들이 그 15분을 견디지 못했다. 미셸 교수의 연구에 따르면 네 살 아이들이 보여 준 만족지연 능력의 평균은 512.8초, 약 9분 정도였다.

이 연구는 여기서 그치지 않았다. 미셸 교수는 실험에 참가한 딸로부터 당시 친구들이 어떻게 성장했는지 들을 수 있었다. 15년 뒤 미셸 교수는 이 실험에 참여한 이들을 수소문해 성인으로서 어떻게 살고 있는지를 조사했다.

이 실험이 세계적 실험으로 각광받은 이유가 여기에 있다. 단지 네 살짜리 아이들에 대한 테스트에서 그치지 않고, 만족지연 능력이 성인의 성공 여부에 어떤 영향을 주는지를 끈질기게 조사한 것이다.

그 결과, 네 살 때 15분을 끝까지 참은 아이들은 못 참았던 아이들에 비해 미국 대학수학능력시험(SAT)에서 평균 210점을 높게 받았다. 이들의 비만율과 범죄율은 만족지연 능력이 부족한 이들보다 훨씬 낮았고, 대인관계도 좋았다. 이 실험은 "만족지연 능력이 발달한 아이들이 성인이 되면 사회적으로 훨씬 성공한다."라는 결론을 남겼다.

마시멜로 테스트의 연구 결과가 알려진 이후 국내에서도 만족 지연 훈련의 열풍이 불었다. 특히 상류층 부모들이 자녀에게 만족 지연 훈련을 집중적으로 시키는 일도 벌어졌다. 참아야 성공한다는데, 참는 훈련을 시켜야 하지 않겠는가?

뒤집어진 마시멜로 테스트의 결론

마시멜로 테스트는 결국 '잘 인내하면 성공한다' 혹은 '인내력을 키우기 위해 노력을 하면 성공한다'는 결론으로 이어진다. 하지만 이런 결론은 빈곤을 연구하는 경제학 입장에서 보면 매우 부당하다.

빈곤과 결핍 문제를 집중적으로 연구한 하버드대 경제학과 센딜 멀레이너선 교수에 따르면 인내력은 노력이나 훈련보다 경제적 풍요나 빈곤에 더 큰 영향을 받는다고 한다. 훈련을 못 받아서 인내력이 부족한 게 아니라 가난한 사람일수록 인내심이 약하다는 이야기다.

눈앞에 진수성찬을 차려 놓고 "1시간 동안 참으면 10만 원을 준다"고 했을 때, 누가 더 잘 참을까? 당연히 평소 배고픔을 몰랐던 부유층이 더 잘 참는다. 이들은 언제든지 내 돈 내고 음식을 사먹을 수 있기 때문이다. 반대로 며칠 쫄쫄 굶은 빈곤층은 그 인내력을 발휘하기가 훨씬 어렵다. 이성적으로는 1시간 참고 10만 원

받는 게 이익이라는 것을 알지만, 몸이 따라 주지 않게 마련이다.

또 한 가지 확인해야 할 것이 있다. 마시멜로 테스트의 결론처럼 과연 열심히 노력해서 인내심을 기르면 성공할 수 있을까 하는 문제다. 이 실험 결과를 뒤집는 새로운 연구가 2018년 6월에 등장했다.

영국의 사회과학 학술지 〈세이지 저널(SAGE journals)〉에 실린 뉴욕대와 UC어바인대 심리학과 연구 팀의 공동 연구가 그것이다. 이들은 기존의 마시멜로 테스트가 정확한 결론이 아니라고 주장했다.

왜냐하면 일단 표본 숫자가 너무 작았고(90여 명) 그 표본 또한 모두 유명 대학교 부설 유치원에 소속된 부유한 아이들이었기 때문이다. 그래서 연구 팀은 이를 극복하기 위해 표본 숫자를 900명으로 늘렸고, 표본 대상도 인종, 민족, 부모의 교육 수준 등을 고려해 골고루 배치했다.

연구 팀은 이들에게 마시멜로 테스트를 실시한 뒤 같은 방식으로 이들이 성인이 됐을 때 성공 여부를 조사했다. 그런데 결과가 놀라웠다. 기존의 마시멜로 테스트와 달리 아이들의 성공 여부는 네 살 때 이들이 보여 준 만족지연 능력과 아무 상관이 없는 것으로 나타났기 때문이다.

그렇다면 무엇이 이들의 사회적 성공에 가장 큰 영향을 미쳤을까? 그 답은 바로 부모의 사회적, 경제적 능력이었다. 그러니까 사회적으로 성공하기 위해서는 노력이고, 인내고, 만족지연이고 다 필요 없고, 그냥 부모를 잘 만나야 한다는 이야기다.

노오력은 인생을 바꾸지 못한다

지금부터는 아주 슬픈 우리의 현실 이야기로 돌아오자. 2018년 겨울, 환갑이 다 된 운전기사에게 반말로 훈계를 하고, 죽으라는 처참한 말까지 서슴없이 내뱉은 한 유력 일간지 회장의 10살짜리 손녀 이야기가 화제가 된 적이 있었다. 국내 1위 신문이라는 그 가문 어린아이의 갑질이 이 사회를 한바탕 휩쓸고 지나간 것이다.

물론 미성년자의 육성을 공개하는 것이 바람직하냐는 논란은 남아 있지만, 10살짜리 아이가 환갑을 바라보는 운전기사에게 퍼부은 폭언은 끔찍했다.

이 이야기를 들은 많은 사람들은 "부자들은 왜 자식 교육을 그 따위로 시키느냐?"며 그들을 질타했다. 하지만 이 사건이 주는 교훈은 그리 단순하지 않다. 이 사건이 실로 슬픈 이유는 그 버릇없는 10살짜리 아이가 성인이 됐을 때, 그는 분명 매우 성공한 인생을 살고 있을 것이라는 점이다.

이 아이는 만족지연 훈련을 전혀 받지 못한 것으로 보인다. 인내심이 극도로 부족하니 마음에 안 드는 일이 있으면 할아버지뻘 어른에게 바로 막말을 해 대는 것이다. 맨 처음의 마시멜로 테스트에 따르면 이런 아이들은 성인이 됐을 때 성적도 나쁘고 사회적으로 성공을 거두지도 못해야 한다.

하지만 현실은 다르다. 장담하는데 이 아이는 커서 사회적으로 성공할 것이다. 대학도 꽤 좋은 곳을 나올 것이다. 공부를 못하면 그의 부모가 돈을 퍼부어서라도 외국에 유학을 보내서 꽤 그럴싸한 학벌을 만들 테니 말이다. 그 아이가 왜 이런 혜택을 누리게 될까? 이유는 단 하나다. 부모를 잘 만났기 때문이다. 이게 새로운 마시멜로 테스트의 결론이다.

2016년 국내 한 굴지의 건설 회사 대표이자 재벌 3세가 폭행 사건으로 물의를 빚은 적이 있었다. 이 사람은 운전 도중에 운전기사에게 폭행을 가했다고 한다. 순간의 분을 참지 못한 이 사람 역시 만족지연 훈련이 지독히 안 된 경우다.

기존의 마시멜로 테스트에 의하면 이런 사람은 공부도 못해야 하고, 사회적 성공도 거두지 못해야 한다. 하지만 그는 이미 건설 회사 회장에 올라 사회적으로 큰 성공을 거뒀다. 심지어 미국 유명 대학교에서 석사 학위까지 받았다. 그가 얻은 학벌과 사회적 지위가 과연 만족지연 훈련이나 인내, 혹은 노오력을 통해 얻은 것일까? 천만의 말씀이다. 그가 성공한 이유는 단 하나, 부모를 잘 만났기 때문이다.

국내 굴지의 항공 회사 대표인 재벌 3세는 20대 후반의 나이에 운전을 하다가 시비가 붙어 아기를 안고 있던 70대 노인에게 주먹을 휘두른 폭행 전과가 있다. 그는 취재하는 기자에게 욕설을 퍼부은 적도 있었다. 역시 만족지연 훈련이 전혀 안 된 사람이다.

그런데 이 재벌 3세는 수도권의 꽤 좋은 대학을 졸업했다. 과연 그가 공부를 잘해서 그 대학에 갔을까? 천만의 말씀이다. 아버지를 잘 만났기 때문에 가능한 일이었다. 그걸 어떻게 단언하냐고? 이미 그가 아버지의 뒷배를 동원해 대학에 부정 입학한 사실이 드러났기 때문이다. 어떻게 이런 일이 가능하냐고? 재벌 2세인 아버지가 그 대학의 이사장이었다. 이 모든 과정을 한마디로 요약하면 결론은 같다. 그의 학벌과 성공 역시 오로지 부모를 잘 만난 덕분이었다.

이제 우리는 현실을 직시해야 한다. 가난한 사람들에게 "너희들이 못사는 이유는 인내심이 없고 노오력이 부족하기 때문이다."라고 쉽게 이야기해서는 안 된다는 말이다. 새로운 마시멜로 테스트 연구에 의하면 우리가 아무리 만족지연 능력을 길러도, 아무리 인내심을 높여도, 아무리 노오오오~~력을 해도, 성공은 결국 금수저의 몫이다.

유력 일간지 사주 가문의 10살짜리 아이가 보여 준 갑질은 그래서 슬프다. 저 아이가 저런 성격으로 성인이 돼도, 반드시 성공할 것이라는 현실이 우리를 더 슬프게 만든다.

우리가 서로에게 "노오오오~~력을 더 하라" 혹은 "더 인내하라"고 말하기 전에 이 구조를 먼저 바꿔야 한다. 폭행과 갑질을 일삼는 사람들이 좋은 부모 만났다는 이유로 성공을 독식하는 시스템을 바꾸어야 한다. 우리에게 지금 절실한 것은 노오오오~~력이 아니라, 이 불평등한 사회구조를 바꾸는 일이라는 이야기다.

바쁜 나를 위한 한 줄 요약

'노오력'을 하면 인생이 바뀌나?

자기 통제력을 기르고 '노오력'을 하면 성공할 것이라는 믿음은 틀렸다. 사회구조가 바뀌지 않는 한, 개인의 열정만으로는 인생을 바꾸기는 힘들다. 노오오오~~력을 해도, 성공하기는 쉽지 않은 세상이다!

1988년은 드라마처럼
아름다웠을까?

므두셀라 증후군

'레트로 열풍'이 불고 있다. 레트로는 '회상하다'라는 뜻의 영어 'retrospect'의 줄임말로, 과거를 회상하거나 추억하기 위한 매개체라는 뜻을 담고 있다. 이는 바나나 우유 같은 식품부터 패션에 이르기까지 다양한 영역의 마케팅에 활용된다. 주요 타깃은 회상할 거리가 있는, 40~50대의 사람들이다. 현실이 팍팍할수록 사람들은 과거에 매달린다. '그땐 그랬지' 하는 아련한 향수에서 벗어나지 못하는 것이다. 대체 그 이유는 뭘까?

동방삭과 므두셀라에 얽힌 슬픈 코미디

젊은이는 절대(!) 알 수 없는 추억의 개그 하나를 소개한다. 코미디의 고전 중 서영춘, 임희춘 콤비가 구사했던 전설의 코미디가 하나 있다.

자손이 귀한 집에서 5대 독자가 태어났다. 부모는 이 아이가 장수했으면 하는 바람으로 작명소에 가서 "장수하는 이름을 지어 주세요."라는 부탁을 한다. 그래서 작명소에서 받아 온 이름이! '김~수한무, 거북이와 두루미, 삼천갑자 동방삭, 치치카포 사리사리 센터, 워리워리 세브리깡, 므두셀라 구름이, 허리케인에 담벼락, 담벼락에 서생원, 서생원에 고양이, 고양이에 바둑이, 바둑이는 돌돌이'였다.

어느 날 이 아이가 물에 빠져 위급한 상황을 맞았다. 이 긴급한 사실을 부모에게 알리러 온 머슴이 "주인어른! 큰일 났습니다! 우리 5대 독자이신 김~수한무, 거북이와 두루미, 삼천갑자 동방삭, 치치카포 사리사리 센터, 워리워리 세브리깡, 므두셀라 구름이, 허리케인에 담벼락, 담벼락에 서생원, 서생원에 고양이, 고양이에 바둑이, 바둑이는 돌돌이 도련님이 물에 빠져 위급하십니다!"라고 고했다.

놀란 부모는 "뭐야? 그 귀하디귀한 우리 5대 독자 김~수한무, 거북이와 두루미, 삼천갑자 동방삭, 치치카포 사리사리 센터, 워리워리 세브리깡, 므두셀라 구름이, 허리케인에 담벼락, 담벼락에 서생원, 서생원에 고양이, 고양이에 바둑이, 바둑이는 돌돌이가 물에 빠졌다고? 이 일을 어쩌지?"라고 답을 한다. 이후에도 이들은 '김~수한무…'를 몇 번이나 반복하다가 시간을 다 보냈고, 5대 독자는 결국 목숨을 잃었다는 슬픈(!) 이야기다.

이 철 지난 코미디를 다시 꺼내는 이유는, 장수를 보장한다는 그 이름 중 '므두셀라'라는 대목이 나오기 때문이다. 참고로 므두셀라 앞에 등장하는 삼천갑자 동방삭^{東方朔}은 무려 삼천갑자(三千甲子, 1갑자는 60년), 즉 18만 년을 살았다는 중국의 전설 속 인물이다.

동방삭이 동양을 대표한다면 므두셀라^{Methuselah}는 서양을 대표하는 장수 인물이다. 므두셀라는 구약 성경 창세기 5장에 등장하는 인물로서, 아담의 6대손이며 에녹의 아들로 묘사된다. 우리에게 더 친숙한 이름을 빌려 설명하자면 므두셀라는 노아의 방주로 널리 알려진 노아의 할아버지이기도 하다.

성경에 따르면 므두셀라는 무려 969살까지 살았다고 한다. 성경에 나오는 이들 중 가장 오래 살았던 인물이니, 서양에서도 알아주는 장수 캐릭터인 셈이다. 부모는 이렇게 장수한 사람 이름은 다 갖다 붙여서 5대 독자의 장수를 빌었건만, 그 긴 이름 탓에 물에 빠져 죽었으니 참으로 슬픈 코미디가 아닐 수 없다.

그런데 이 므두셀라에 대한 특이한 기록이 있다. 나이가 들수록 므두셀라는 자꾸 과거로 돌아가고 싶어 했다는 것이다. 므두셀라는 습관적으로 "그때가 좋았지. 요즘은 뭐든 다 별로야."라는 말을 내뱉었다고 한다.

이처럼 과거를 지나치게 미화하거나 그리워하는 모습을 심리학에서는 '므두셀라 증후군'이라고 부른다. 사람에게는 지금보다 과거를 훨씬 더 아름답게 생각하는 경향이 있다는 것이다. 그래서 므두셀라 증후군은 '장밋빛 회고 이론' 혹은 '좋았던 옛날의 오류'라고 불리기도 한다.

왜 과거를 아름답게 포장할까?

므두셀라 증후군은 특히 경영학 마케팅 분야에서 많이 사용된다. 기업들이 물건을 팔 때 복고풍 물건을 집중적으로 팔면 큰돈을 벌 수 있다는 것이다. 빅 히트를 기록한 드라마 〈응답하라〉 시리즈나 〈무한도전〉에서 시도했던 프로젝트 〈토토가(토요일 토요일은 가수다)〉가 대표적 사례다. 사람들은 과거를 아름답게 기억하는 경향이 있어서, 방송사에서 이런 프로그램을 만들면 매우 잘 팔린다.

왜 이런 현상이 생길까? 심리학자들은 이유를 두 가지로 분석한다.

첫째는 뇌의 특징 때문이다. 뇌의 중요한 기능 중 하나는 기억을 저장하는 것이다. 따라서 뇌는 그 기억을 최대한 오랫동안 간직하려 한다. 그런데 기억해야 하는 대상이 매우 불쾌하다면? 당연히 그런 기억들을 오래 남겨 두고 싶을 리가 없다. 그래서 뇌는 나쁜 기억들을 최대한 신속하게 제거하고 좋은 기억만 남겨 둔다. 그래야 그 기억을 행복하게 오래 저장할 수 있기 때문이다.

말이야 바른말이지 1988년은 사실 그다지 아름답지 않았다. 서울올림픽이 개최되긴 했지만 여전히 군인 출신 대통령이 집권하고 있었고, 사회적인 혼란도 계속되었다. 경제적으로도 지금보다 전혀 풍요롭지 않았다. 그런데도 사람들은 그때를 아름다운 추억으로 간직한다. 드라마 〈응답하라 1988〉에서 그리는 그 무렵의 우리는 매우 따뜻했고 무척 행복했다. 현실과 추억은 이처럼 괴리를 보인다. 왜냐하면 우리의 뇌는 과거의 기억 중 아름다운 추억만 남겨 두려 하기 때문이다.

또 다른 이유가 있다. 캐나다 워털루대 심리학과 교수인 리처드 아이바흐Richard Eibach는 '사실 변한 것은 세상이 아니라 자기 자신인데, 사람들이 그걸 모른다'는 독특한 해석을 내놓는다. 예를 들어 나이 지긋한 분들은 매일 "요즘 젊은것들은 버릇이 없어."라고 푸념하는데, 사실 버릇없는 젊은이 타령은 고대 로마 시대부터 사라지지 않는 노인들의 단골 레퍼토리이기도 하다.

그럼 그 말을 하는 노인들은 젊었을 때 예의 바른 청년이었을까? 아마 아니었을 것이다. 원래 청소년기란 시대를 막론하고 질풍노도의 시기다. 그분들도 젊었을 때 껌 씹고, 침 뱉고, 욕도 하고 분명 그렇게 살았을 것이다. 그러다 나이가 들면 철도 든다. 사회생활을 하다 보면 힘든 일을 겪어도 참는 방법을 터득해 간다. 당연히 욕도 덜하게 되고, 욱하는 성질도 많이 사그라든다. 심지어

반사 신경이 무뎌져서 운전도 얌전하게 하게 된다. 이렇게 순화된 성격의 노인이 청년들을 보면 심하게 버릇이 없다고 느끼는 것이다. 이래서 "요즘 젊은것들은 버릇이 없어!"라는 오래된 레퍼토리는 사라지지 않는다.

그런데 사람은 자신의 변화를 인지하지 못하고 세상이 변했다고 생각한다. 그것도 나쁘게 변했다고 확신한다. 그렇게 '예전이 훨씬 좋았어!'라는 고정관념에 빠진다.

꼰대가 되지 않기 위해서는…

그런데 일견 자연스러워 보이는 이런 현상들은 사실 꽤 심각한 문제를 지니고 있다. 므두셀라 증후군이 종종 사람을 꼰대로 만드는 역할을 하기 때문이다. 게다가 보수 이데올로기를 선호하는 집단에서 므두셀라 증후군을 악용하기도 한다.

1990년대 초반 미국에서 이런 일이 있었다. 기독교 근본주의 운동에 참여했던 컬렌 데이비스Cullen Davis는 1994년 논문을 통해 1940년대와 1980년대 미국 공교육의 문제점을 거론했다. 데이비스에 따르면 1940년대 미국 학생들의 가장 큰 문제점은 '상황에 맞지 않는 농담하기', '껌 씹기', '떠들기', '새치기하기', '부적절한 복장으로 다니기', '쓰레기통에 휴지가 안 들어가도록 던지기' 등이었다. 문제점이라 하기도 어려울 정도로 평범한 잘못들이었다는 이야기다.

하지만 1990년대 학생들은 달랐다. 데이비스에 따르면 1990년대 미국 학생들은 '음주', '약물 남용', '임신', '자살', '강간', '절도', '폭행' 등을 일삼아 저질렀다. 데이비스는 이 자료를 통해 "이것이 지금 미국 공교육이 무너지고 있다는 증거다. 학생들에게 보다 엄격한 처벌과 규제를 가해야 한다"고 목소리를 높였다.

이 주장은 미국 사회에 일대 충격을 가져왔다. 50년 전 학생들은 고작 껌이나 씹고 새치기나 했는데, 지금 학생들은 강간, 절도, 폭행, 자살, 약물에 찌들어 있다니 충격적이지 않은가? 레이건 행정부 시절 교육부 장관을 지낸 윌리엄 베넛$^{William bennett}$을 비롯해 수많은 학자, 교육 전문가, 정치인들이 현실을 개탄하는 글을 쓰고 방송에 나섰다. 심지어 진보적 작가로 분류됐던 퓰리처상 수상자 애너 퀸들런$^{Anna Quindlen}$이나, '미스터 샌프란시스코'라고 불렸던 샌프란시스코의 대표 칼럼니스트 허브 캐언$^{Herb caen}$도 이 자료를 인용했다.

그런데 자료를 살펴보던 캘리포니아대 정치학과 배리 오닐$^{Barry Oneil}$ 교수가 의문을 품었다. 각 시대 학생들의 문제점을 분석한 컬렌 데이비스의 자료에는 출처가 없었기 때문이다. 오닐 교수는 데이비스에게 직접 자료의 출처를 물었다. 그랬더니 데이비스는 "내가 곧 출처요. 내가 1940년대 학교를 다녔거든! 그 자료는 내 기억에 의존한 자료란 말이오!"라고 주장했다.

이게 바로 므두셀라 증후군의 대표적 모습이다. 데이비스는

"학생들에 대한 규제를 강화해야 한다"는 본인의 주장을 입증하기 위해 자료를 조작한 것이다. 하지만 정작 그는 자신이 자료를 조작했다고 생각하지 않았다. 자기 기억에 1940년대 학생들은 매우 착해서 나쁜 짓을 해도 겁이나 쉽었을 뿐이었기 때문이다. 과거를 미화해도 정말 제대로 미화했다.

바로 이런 행동이 세상의 진보를 막는다. 보수 정치인들이 한때 박정희 전 대통령의 동상을 세우고 과거를 미화했던 것도 그런 이유다. 많은 노년층들이 박정희 동상을 보고 "저때는 좋았어. 지금 젊은 것들은 너무 버릇이 없지. 생각도 빨갱이들 같아!"라고 목소리를 높인다. 하지만 냉정히 말해 그것은 사실이 아니다. 박정희 전 대통령이 통치했던 시기 대한민국은 민주주의의 암흑기였다. 수많은 사람들이 독재 정권에 항거하다 목숨을 잃었다. 1970년대는 절대 아름답지 않았다.

그래서 사람은 멋지게 늙어 가기 위해 노력을 해야 한다. 노력을 멈추면 과거가 아름다워 보이는 므두셀라 증후군에 빠지고, 요즘 젊은이들이 유난히 버릇이 없다고 느끼는 꼰대가 된다.

요즘 유난히 비비빅과 바밤바가 맛나게 느껴진다. 편의점에서 비비빅과 바밤바를 안 팔면 화가 난다. 큰일이다. 옛날 아이스크림이 유난히 맛있다고 느껴지는 것은 므두셀라 증후군에 빠졌다는 뜻일 텐데!

긴장을 늦추지 말고 정신 줄을 더 꽉 잡아야 한다. 꼰대가 되지 않기 위해서는 과거가 아니라 미래를 향해 우리의 시선을 돌려야 한다는 뜻이다.

바쁜 나를 위한 한 줄 요약

1988년은 드라마처럼 아름다웠을까?

사실 그렇지는 않다. 자꾸 옛날을 미화하게 되는 이유는, 우리의 뇌가 과거의 기억 중 아름다운 추억만 남겨 두려 하기 때문이다.

북트리거 일반 도서

삶의 무기가 되는 쓸모 있는 경제학

넛지부터 팃포탯까지, 심리와 세상을 꿰뚫는 행동경제학

북트리거 청소년 도서

1판 1쇄 발행일 2019년 4월 5일
1판 5쇄 발행일 2023년 7월 10일

지은이 이완배
펴낸이 권준구 | 펴낸곳 (주)지학사
본부장 황홍규 | 편집장 김지영 | 편집 양선화 서동조 김승주
기획·책임편집 전해인 | 디자인 정은경디자인
마케팅 송성만 손정빈 윤술옥 박주현 | 제작 김현정 이진형 강석준 오지형
등록 2017년 2월 9일(제2017-000034호) | 주소 서울시 마포구 신촌로6길 5
전화 02.330.5265 | 팩스 02.3141.4488 | 이메일 booktrigger@naver.com
홈페이지 www.jihak.co.kr | 포스트 http://post.naver.com/booktrigger
페이스북 www.facebook.com/booktrigger | 인스타그램 @booktrigger

ISBN 979-11-89799-06-9 03320

이 도서의 국립중앙도서관 출판예정도서목록(CIP)은 서지정보유통지원시스템
홈페이지(http://seoji.nl.go.kr)와 국가자료공동목록시스템(http://www.nl.go.kr/kolisnet)에서
이용하실 수 있습니다. (CIP제어번호: CIP2019010345)

북트리거

트리거(trigger)는 '방아쇠, 계기, 유인, 자극'을 뜻합니다.
북트리거는 나와 사물, 이웃과 세상을 바라보는 시선에 신선한 자극을 주는 책을 펴냅니다.